Der Autor

Dariush Alavi ist ein hoch angesehener Parfum-Kritiker, der unter dem Pseudonym *Persolaise* schreibt. Sein Blog, www.persolaise.com, gewann 2012 einen Jasmine Award und wurde von der *Financial Times* empfohlen. Seine Artikel sind in einer Vielzahl von Publikationen erschienen, darunter *Basenotes* und das *Glass Magazine*. Er war Jurymitglied des britischen FiFi-Awards und hat eine regelmäßige Kolumne im *Esprit Magazine*, der wichtigsten britischen Fachzeitschrift für die Schönheits- und Kosmetikindustrie.

© Lizenzausgabe der Süddeutschen Zeitung GmbH, München
Für die Süddeutsche Zeitung Edition 2012
Projektleitung: Steven Buxton, Felix Scheuerecker
Übersetzung aus dem Englischen: Patrick Hutsch
Stilistisches Korrektorat: Dr. Jens Markowsky
Satz der dt. Ausgabe: Patrick Gordon Syptroth

Copyright © 2012 Elwin Street Limited
Cover und Gestaltung: Simon Daley
Illustrationen: Tonwen Jones
Copyright Fotos: Alamy (S. 35, 105); Getty (S. 61, 81)

Konzipiert und produziert von
Elwin Street Limited
144 Liverpool Road
London N1 1LA
www.elwinstreet.com

Printed in China
ISBN: 978-3-86497-022-1

PARFUM

Dariush Alavi

Inhaltsverzeichnis

Warum man bei Parfum ein Snob sein sollte **006**

Grundlagen

Die Ursprünge des Parfums **010** · Parfum kreieren **011** · Die Struktur des Parfums **015** · Die Parfümeure **017** · Ein Parfum zu schätzen wissen **019** · Die Sprache des Parfums **022** · Trends und Variationen **026** Die Kategorien von Parfums **028**

Mainstream: feminin

Chanel **030** · Christian Dior **032** · Clinique **033** · Estée Lauder **033** · Guerlain **037** Issey Miyake **040** · Jean Patou **042** · Kenzo **043** · Lancôme **044** · Paco Rabanne **044** Thierry Mugler **045** · Yves Saint Laurent **046**

Mainstream: maskulin

Caron **048** · Cartier **049** · Chanel **050** Christian Dior **051** · Davidoff **051** · Gucci **052** · Guerlain **054** · Hermès **054** · Jean Paul Gaultier **055** · Yves Saint Laurent **056**

Mainstream: unisex

4711 **058** · Acqua di Parma **059** · Calvin Klein **059** · Cartier **062** · Chanel **063** Christian Dior **064** · Clarins **067** · Guerlain **067** · Hermès **069** · Thierry Mugler **070**

Nische: feminin

Amouage **072** · Annick Goutal **073** L'Artisan Parfumeur **074** · Editions de Parfums Frédéric Malle **076** · Etat Libre d'Orange **078** · Histoires de Parfums **079** Lubin **082** · Molinard **082** · Nicolaï **083** Ormonde Jayne **084** · Penhaligon's **085**

Piguet 086 · Roja Parfums 086 · Serge
Lutens 087 · Tauer Perfumes 088

Nische:
maskulin

Amouage 090 · L'Artisan Parfumeur 091
Comme des Garçons 091 · The Different
Company 092 · Editions de Parfums
Frédéric Malle 093 · Etat Libre d'Orange
093 · Histoires de Parfums 094 · Knize 094
MDCI 096 · Nasomatto 097 · Nicolaï 098
Puredistance 098 · Les Parfums de Rosine
099 · Tauer Perfumes 099 · Xerjoff 100

Nische:
unisex

Amouage 102 · L'Artisan Parfumeur 102
Byredo 103 · Comme des Garçons 106
Eau d'Italie 107 · Editions de Parfums
Frédéric Malle 108 · Etat Libre d'Orange
108 · Gorilla Perfume 110 · Grossmith 111
Huitième Art 111 · Le Labo 112 · Lorenzo
Villoresi 114 · Maison Francis Kurkdjian
115 · Montale 115 · Penhaligon's 116
Piguet 117 · Serge Lutens 117 · soOud 119
Vero Profumo 119

Besitzen

Wie man Parfum trägt 122 · Lagerung 123
Seltene und exklusive Parfums 124
Parfum nach Maß 126 · Parfum kaufen 129

Entdecken

Quellen 136 · Events und Ausstellungen 137
Kurse 139 · Professionelle Verbände 140

Glossar 141 · Index 143

Warum man bei Parfum ein Snob sein sollte

Die Parfümerie ist eine wahre Kunst. Und die Parfümeure sind die Künstler. Sie nutzen eine Vielzahl von Duftstoffen, um bestimmten Ideen in ihrem Kopf Gestalt und Struktur zu verleihen. Für ihre Werke bedienen sie sich dessen, was bereits in der Welt existiert – und bilden es in all den wunderbaren Kreationen ab, die uns erfreuen, rasend machen, verwirren und verzaubern.

Auf den Geruch kommt es an. So einfach ist es. Das Problem ist nur, dass die Wissenschaft bisher noch nicht in der Lage ist zu erklären, wie und warum es darauf ankommt. Aus diesem Grund wird dem biochemischen Zaubertrick, den wir *riechen* nennen, in der Regel nicht die entscheidende Bedeutung zugestanden, die er verdient hätte. Doch an dieser Stelle kommt das Parfum ins Spiel. Meisterwerke wie Shalimar von Guerlain oder Antaeus von Chanel sind die perfekte Hommage an diesen sträflich unterschätzten Teil unserer Sinneserfahrungen.

In einer Zeit, in der jedes Jahr Hunderte von neuen Düften entstehen, ist es wichtiger denn je, den Genuss wirklich schätzen und verstehen zu lernen, den ein hochwertiges Parfum bereiten kann. Nur so kann man unter den zahlreichen Optionen auf dem Markt die wahren Perlen finden, denn viele Parfums lassen zu wünschen übrig.

Die Parfümerie blickt auf ein prachtvolles, lebendiges Erbe zurück. Persönlichkeiten wie Gabrielle *Coco* Chanel, Estée Lauder und Thierry Mugler haben mit ihren Düften für kulturelle Veränderungen gesorgt. Daher ist es bei Parfum ebenso notwendig wie in der Welt der Malerei, Literatur oder des Films, ein Bewusstsein für dieses Vermächtnis zu schaffen.

Auch Parfum ist etwas zutiefst Persönliches. Liebhaber verwenden eine endlose Reihe eindrucksvoller Formulierungen, um zu erklären, warum sie es nie versäumen würden, jeden Tag ein klein wenig davon auf ihre Handgelenke zu sprühen: „Schmusedecke"; „Schutzschild"; „beständiger Vorrat an Hoffnung"; „Rüstung"; „Schutzengel". Ein gut gewählter Duft kann mit seinem Träger über Stunden eine intime Unterhaltung führen, er kann jedem Tag Momente verleihen, die bewegend, überraschend oder gar herzzerreißend sind. Je besser wir in der Lage sind, die Sprache des Parfums zu verstehen, desto besser wird es uns gelingen, neue Düfte zu entdecken und sie zu genießen.

Sie sollten bei Parfum ein Snob sein, weil es einen einzigartigen Platz in unserem Leben einnimmt. Es wird zwar für den allgemeinen Gebrauch hergestellt, doch es spricht mit unvergleichlicher Vertrautheit zu uns. Das ist häufig abstrakt und phantastisch, aber es beschwört Bilder herauf, die so speziell sind, dass sie uns manchmal sehr verblüffen können. Düfte sind immer anwesend und allgegenwärtig, aber auch flüchtig und vergänglich. Sie provozieren emotionale und intellektuelle Reaktionen wie kaum ein anderes von Menschenhand geschaffenes Objekt. Sie sind schlicht und ergreifend eine Wonne.

Die Düfte in diesem Buch werden Ihre Kenntnisse und Ihr Verständnis auf diesem faszinierenden Gebiet hoffentlich erweitern. Sie sind in verschiedene Kategorien unterteilt: Mainstream- und Nischenparfums; maskulin, feminin und unisex. Die meisten zählen zu meinen persönlichen Favoriten. Einige gehören zu den bekanntesten und meistverkauften Düften auf dem Markt. Andere sind eher unbekannte Parfums etablierter Marken. Eine Handvoll ist ausgefallen oder ausgesprochen ungewöhnlich. Aber jedes von ihnen macht die Welt, auf die eine oder andere Art, zu einem interessanteren und schöneren Ort. Einige wurden als „Le Snob Tipp" hervorgehoben – ein Hinweis auf jene Parfums, die Ihre besondere Aufmerksamkeit verdienen. Ich habe ausschließlich derzeit verfügbare Düfte aufgenommen, was zur Folge hat, dass eine Reihe von Meisterwerken nicht dabei ist.

Zuletzt noch ein Hinweis: Aufgrund der großen Anzahl an Düften war die Auswahl der allerbesten äußerst schwierig. Mehreren schönen Düften fehlt der letzte Schliff. Dennoch sind sie da draußen, stehen irgendwo auf einem Regal in einem Geschäft und warten darauf, von Ihnen entdeckt zu werden. Viel Spaß!

» Grundlagen

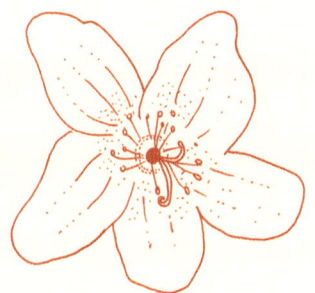

Die Ursprünge des Parfums

Historiker nehmen an, dass der Mensch seit der Entdeckung des Räucherns bestimmter Materialien vor etwa 4.000 Jahren wohlriechendes Material benutzt, um Körper und Umgebung mit Duft zu erfüllen. Die Kunst der Parfümerie entstand in Mesopotamien und wurde von den Römern und Persern weiterentwickelt. In Europa wird sie etwa seit dem 13. Jahrhundert ausgeübt, mit einer Blütezeit während der Renaissance – vor allem in Frankreich – durch den Einfluss von Caterina de' Medici. Bereits im 16. und 17. Jahrhundert war es für die Reichen üblich geworden, sich zu parfümieren, um Körpergerüche zu überdecken.

Noch im 19. Jahrhundert waren alle duftenden Bestandteile des Parfums natürlichen Ursprungs. Aber im Jahr 1882 schuf der französische Parfümeur Paul Parquet, ohne es zu ahnen, die moderne Parfümerie, als er synthetisches Cumarin für einen Duft namens Fougère Royale verwendete. Dies öffnete seinen Kollegen und Konkurrenten die Tür, von nun an auch nichtnatürliche Materialien für ihre Arbeit zu nutzen.

Seitdem ist die Geschichte der Parfumindustrie eng mit den Entwicklungen der Chemie und Technologie verbunden. So hat die Perfektionierung eines Prozesses, in dem Kohlendioxid verwendet wird, um den Geruch von bestimmten natürlichen Materialien (wie Weihrauch und Ingwer) zu extrahieren, eine Reihe von Zutaten geschaffen, die erstaunlich natürlich riechen und den Parfümeuren neue kreative Möglichkeiten eröffnen.

Parfum kreieren

Obwohl man dazu neigt, es immer wieder mit schwülstigster Prosa zu beschreiben, kann man Parfum ganz einfach in Worte fassen: eine Lösung von wohlriechenden Flüssigkeiten, festen und halbfesten Stoffen. Bei den Lösungsmitteln handelt es sich für gewöhnlich um Ethanol und Wasser. Es können aber auch andere Substanzen verwendet werden, einschließlich Öle und Wachse.

Der kreative Prozess

Der grundlegende Prozess bei der Herstellung eines Dufts ist und war schon immer ganz einfach: Im Wesentlichen werden verschiedene Materialien in der Hoffnung auf ein angenehmes Ergebnis miteinander vermischt. Professionelle Parfümeure mögen mehrere Jahre Ausbildung hinter sich und reichlich Erfahrung haben, aber sie wissen nie genau, wie ein neuer Duft riechen wird, bis sie ihn tatsächlich in ihren Labors erschaffen. Versuch, Irrtum und Verbesserung sind das Herzstück aller Parfümerie. Ein Duft kann durch mehrere Modifikationen gehen, bevor man entscheidet, dass er bereit für den Markt ist. Die Anzahl der Modifikationen kann dabei zwischen einer (wie im Fall von Guerlains Rose Barbare) und über 600 (Carnal Flower von Malle) liegen.

Ein Duft beginnt als Konzept im Kopf seines Schöpfers, bevor er zu einer Formel auf einem Stück Papier oder einem Bildschirm wird. Die meisten Düfte schaffen es nie über dieses Stadium hinaus und werden wie halbfertige Gedichte aufgegeben. Aber einige werden zu einem *echten* Gemisch, das dann zu Testzwecken (mit genau der Konzentration, die der einzelne Parfümeur bevorzugt) verdünnt wird. Heutzutage liegt die durchschnittliche Anzahl der Bestandteile eines Parfums bei ungefähr 40, etwa eine Handvoll enthält nur einen, andere wiederum weit mehr als 200.

Die Zutaten

Die Zutaten für Parfum stammen aus einer Reihe von natürlichen als auch synthetischen Quellen. Blumen und Blüten, wie zum Beispiel Jasmin, Rosen und Tuberosen, sind am häufigsten. Andere pflanzliche Quellen sind Früchte (vor allem Zitrusfrüchte wie Orangen, Zitronen und Limetten, aber auch Vanille und Wacholderbeeren), Blätter und Zweige (Lavendel, Salbei, Rosmarin), Rinde (Zimt) oder Holzöle (Sandelholz, Zeder, Kiefer). Verschiedene andere natürliche Quellen sind etwa Tiere (wie bei Ambra) und Flechten (Eichenmoos). Synthetische Verbindungen werden für die Düfte verwendet, die nicht leicht aus natürlichen Quellen extrahiert werden können (wie Orchideen oder Erdbeeren).

Die natürlichen Materialien zur Herstellung von Parfum erhält man auf verschiedene Arten, einschließ-

Parfumzutaten aus natürlichen Quellen:
Jasmin, Lavendel, Eichenmoos und Vanille

lich direkter physikalischer Extraktion (wie im Fall von Zitrusölen, die mit Tausenden von winzigen Nadeln aus der Schale herausgestochen werden) und anderer komplizierter Verfahren, für die Wärme und spezielle Ausrüstung notwendig sind.

Parfums enthalten heute einen extrem hohen Anteil an synthetischen Riechstoffen. Allgemein lässt sich sagen, dass die besten Parfums einen ausgewogenen Anteil natürlicher und nicht-natürlicher Zutaten haben, doch das muss nicht immer der Fall sein. Einige Düfte enthalten keinerlei natürliche Bestandteile, ohne dass es Einfluss auf die Qualität hat: Wie die natürlichen Stoffe unterscheiden sich auch die synthetischen hinsichtlich Preis, Schönheit und Qualität. Wenn ein qualifizierter Parfümeur sie verwendet, können sie zu allen Arten von interessanten Ergebnissen führen.

Duftentwicklung

Man sollte ein Parfum erst dann beurteilen, wenn es die Gelegenheit hatte, sich lange genug zu entwickeln. Das bedeutet, dass die Flüssigkeit unangetastet bleibt, sodass ihre Bestandteile miteinander harmonisieren können; andernfalls würde der Duft roh und

Rosmarin, Orange, Sandelholz und Rose

unfertig riechen. Dieser Prozess erfolgt, bevor ein Parfum verdünnt wird (um die Bestandteile miteinander zu verbinden) und auch nach dem Verdünnen (damit sich das Gemisch vollständig im Alkohol – oder einem anderen Lösungsmittel – auflösen kann). Die Zeit variiert von etwa vier Wochen bis zu mehreren Monaten. Manche Parfümeure möchten ihre Arbeit sofort testen (das heißt, ohne die Entwicklung abzuwarten), um eine ungefähre Vorstellung davon zu bekommen, ob ihre Formel zu dem richtigen Ergebnis führen kann.

Konzentration

Für die Konzentration der fertigen Parfums haben sich bestimmte Richtwerte etabliert: Der Begriff *Eau de Toilette* (EdT) bezieht sich auf eine Lösung von etwa 7 bis 10 Prozent reinen Parfums, ein *Eau de Parfum* (EdP) enthält etwa 10 bis 20 Prozent (meistens etwa 15), ein *Parfum* oder *Extrait* besteht aus 15 bis 40 Prozent (üblicherweise etwa 20).

Neben unterschiedlichen Konzentrationen verweisen die drei Begriffe auch auf leicht unterschiedliche Formeln. Das Eau de Toilette eines Dufts kann dahingehend verändert worden sein, dass die Betonung auf den leichteren Bestandteilen liegt, während das Parfum vielleicht die schwereren, tieferen Elemente akzentuiert. So zeigen die EdTs und EdPs von mehreren Guerlain-Düften deutliche Unterschiede in ihren Formeln. Sie sollten immer die unterschiedlichen Konzentrationen eines Dufts probieren.

Die Struktur des Parfums

Parfum offenbart nicht alle seine Ebenen schon in dem Augenblick, in dem man es versprüht. Auch wenn überambitionierte Verkäufer das gerne behaupten, hat dies nichts mit Zauberei zu tun: Es ist nur grundlegende Chemie.

Oft besteht Parfum aus einer Kopf-, einer Herz- und einer Basisnote, die sich im Laufe der Zeit entwickeln und unterschiedliche Düfte preisgeben. Der Grund hierfür liegt in den Bestandteilen der Kreation. Einige dieser Substanzen sind volatiler als andere, das heißt sie verflüchtigen sich schneller. Das wiederum bedeutet, dass unsere Nasen sie früher wahrnehmen. Ein Parfümeur nutzt seine Kenntnis der relativen Volatilität verschiedener Materialien, um sicherzustellen, dass sie sich alle genau zum richtigen Zeitpunkt zeigen, um eine gewünschte Wirkung zu erzielen.

Ein rauchiger Name

Das Wort Parfum kommt von den lateinischen Wörtern *per* (durch) und *fumus* (Rauch). Es wurde offensichtlich durch das rituelle Abbrennen duftender Hölzer und Harze inspiriert.

Die Pyramide

Auch wenn die meisten Düfte dieser sogenannten Pyramide von Kopf-, Herz- und Basisnote folgen, können sie sich in ihrer Struktur wesentlich voneinander unterscheiden. Manche verlieren sehr schnell ihre Kopf- und Herznote, während andere sich Zeit lassen, bevor sie ihre Basisnote entfalten (wenn ein Parfum seine Basisnote offenbart, bezeichnet man dies auch als *drydown*). Jean-Claude Ellena, aktueller Parfümeur bei Hermès, weist zu Recht darauf hin, dass auch Düfte mit drei unterschiedlichen Phasen zunächst eine Art kurzer Ouvertüre zeigen – ein paar Momente, in denen man die ganze Idee des Parfums auf einmal erfassen kann.

Alternative Strukturen

Nicht alle Düfte folgen der Pyramidenstruktur – einige sind vollkommen anders aufgebaut. So kann zum Beispiel ein lineares Parfum vom Anfang bis zum Ende denselben Geruch zeigen, mit nur geringer Entwicklung. Andere Düfte ähneln einem Flickenteppich, auf dem mehrere gegensätzliche Ideen gleichzeitig zu entdecken sind.

Alle diese Ansätze sind vertretbar. Viele Duftliebhaber bevorzugen die Pyramide, da sie einerseits bis in die Zeit zurückreicht, die als die Blüte der Parfümerie gilt, andererseits wegen ihrer Komplexität. Allerdings sollten die anderen Arten von Parfums nicht unberücksichtigt bleiben – es kann beträchtliche Fähigkeiten erfordern, ein Parfum zu kreieren, dessen Duft sich über Stunden nicht zu verändern scheint.

Die Parfümeure

Einfach gesagt, verwenden Parfümeure ihre Kenntnisse darüber, wie verschiedene Stoffe miteinander interagieren können, um eine Formel zu erstellen, die sie dann an die Wünsche des jeweiligen Kunden anpassen. Das bedeutet allerdings nicht zwangsläufig, dass sie mit absoluter Sicherheit bestimmen können, wie ein Parfum riechen wird (siehe S. 11). Bis vor Kurzem waren die Parfümeure meist schattenhafte Figuren im Hintergrund, denen selten öffentliche Aufmerksamkeit zuteilwurde. Dank der Bemühungen von Persönlichkeiten wie Frédéric Malle, Parfümeure von den Zwängen des Marktes zu befreien und ihnen so mehr Kreativität zu ermöglichen, findet ihre Arbeit aber immer mehr Anerkennung.

Unbekannte Schöpfer

Die meisten Designer-Marken, wie Boss oder Armani, produzieren ihre Düfte nicht selbst. Stattdessen beauftragen sie große multinationale Unternehmen (wie Givaudan und Takasago), ihre Düfte zu kreieren. Daher verwundert es nicht, dass die meisten Parfümeure der Welt Mitarbeiter dieser wenig bekannten Firmen sind. Sie arbeiten an Projekten, die ihnen zugewiesen werden, sei es nun die Formel für einen teuren Designer-Duft oder ein Waschmittel.

Einige Parfümeure jedoch arbeiten für die geringe Zahl von Unternehmen (wie Chanel und Guerlain), die beschlossen haben, die Duft-Kreation „im Haus" zu behalten. Aber für die meisten Marken gilt, dass es nicht den einen Parfümeur gibt, der an allen zu produzierenden Parfums arbeitet. Es gibt zudem einige wenige Parfümeure, die selbstständig sind und Düfte entweder für ihre eigenen Nischenlinien oder für verschiedene Marken und Kunden kreieren.

Bedeutende Parfümeure

Von den derzeit aktiven Parfümeuren sind folgende besonders hervorzuheben:

Bertrand Duchaufour: Am bekanntesten sicherlich durch seine Arbeit bei L'Artisan Parfumeur (Timbuktu, Nuit de Tubéreuse), hat der produktive Duchaufour, neben vielen anderen, auch mehrere Düfte für Penhaligon's und Comme des Garçons kreiert.

Jean-Claude Ellena: Er gelangte 1976 mit der Kreation des Parfums First für Van Cleef & Arpels zu Berühmtheit. Sein aktueller Stil lässt sich am besten an Voyage d'Hermès erkennen. Seit 2004 ist er der einzige Parfümeur bei Hermès.

Olivia Giacobetti: Berühmt vor allem für ihre schöne, sorgfältige Arbeit für L'Artisan Parfumeur (Passage d'Enfer, Tea for Two), hat Giacobetti ihre eigene Linie names IUNX, die sie in einem Laden im Pariser Hôtel Costes verkauft.

Mathilde Laurent: Eine ehemalige Angestellte bei Guerlain (wo sie das schmerzlich vermisste Guet-Apens schuf). Laurent ist jetzt die Nase bei Cartier. Im Jahr 2010 erhielt sie einen französischen FiFi-Award für La Treizième Heure.

Dominique Ropion: Während seiner mehr als 30-jährigen Karriere war Ropion verantwortlich für mehrere erfolgreiche Düfte, darunter Alien für Mugler und Ysatis für Givenchy. Seine jüngsten Kooperationen mit Frédéric Malle wurden besonders gut aufgenommen.

Ein Parfum zu schätzen wissen

Jedes Jahr kommen mehrere hundert Parfums auf den Markt (2011 waren es 1.200, um genau zu sein), sodass es fast unmöglich ist, sich mit jeder einzelnen Kreation zu befassen. Gleichzeitig gibt es eine endlose Reihe von widersprüchlichen Auffassungen unter Parfumexperten – manche sagen sogar, dass die Bewertung von Parfum nicht über das Niveau persönlicher Vorlieben hinausgehen kann. So wird zum Beispiel oft gesagt, ein guter Duft solle *Charakter* besitzen. Aber was bedeutet das? Wir mögen alle genaue Vorstellungen davon haben, was wir als charaktervolle Düfte ansehen. Aber es ist wenig verwunderlich, dass diese möglicherweise nicht mit den Ansichten anderer Menschen übereinstimmen. Das gleiche könnte über die viel gepriesene Qualität der *Feinheit* gesagt werden: Des einen Begriff von Feinheit kann durchaus eines anderen Vorstellung von Grobheit sein.

Ein gewisses Maß an Subjektivität ist in der Wertschätzung jeder Kunstform unvermeidlich – vielleicht sogar notwendig –, und es ist eben diese Vielfalt der Sichtweisen, die unseren Gegenstand so interessant macht. Um ein Parfum wirklich genießen zu können,

müssen Sie Ihre analytischen Fähigkeiten entwickeln und lernen, Ihrer Nase zu vertrauen.

Folgen Sie Ihrer Nase

Es ist wichtig, dass Sie Ihrer Nase eine breite Palette olfaktorischer Erlebnisse vermitteln. So viele verschiedene Parfums wie möglich zu riechen ist großartig, aber Sie sollten auch versuchen, sich der Gerüche (und Geschmäcker) bewusster zu werden, mit denen Sie im Alltag konfrontiert werden. Gras, Motoröl, erloschene Kerzen, Plastiktüten – es gibt nur wenige Dinge auf der Welt, denen ein eigenes, einzigartiges Duftprofil fehlt. Setzen Sie sich ihrem Reichtum auf dieselbe Weise aus, als würden Sie sich von Ihrem Lieblingsduft verzaubern lassen.

Wenn Sie Parfums testen, denken Sie daran, dass die menschliche Nase leicht ermüdet und im Angesicht eines molekularen Ansturms ihre Genauigkeit verliert. Versuchen Sie, nicht mehr als vier oder fünf Düfte nacheinander zu riechen. Manche Leute schwören darauf, dass es hilft ihre Nase zu *säubern* und mit neuer Energie zu versorgen, wenn sie an Kaffeebohnen schnüffeln. Aber die besten Mittel gegen olfaktorische Sättigung sind ein Glas Wasser und frische Luft.

Die meisten Parfums wurden entwickelt, um sie auf der Haut zu riechen. Sie können einen Duft aber auch auf Löschpapier sprühen, um einen ersten Eindruck zu gewinnen. Denken Sie daran, dass manche Düfte nicht auf jeder Haut gleich riechen (siehe S. 75).

Versuchen Sie nicht, sofort zu einem Urteil zu kommen. Leben Sie für ein oder zwei Tage mit dem Duft, bevor Sie ihn endgültig bewerten. Es passiert schnell, dass man an einer bestimmten Note eines Dufts hängen bleibt und dann aus den Augen verliert, was er noch zu bieten hat. Sie sollten unvoreingenommen bleiben und darauf warten, neue Ebenen zu entdecken.

Benutzen Sie Ihren Verstand

Stellen Sie sicher, dass Ihr Kopf vollständig bei der Sache ist, während Sie riechen. Biologisch gesehen gibt es nichts Besonderes an den Nasen ausgebildeter Parfümeure. Der Unterschied zwischen ihnen und dem Rest der Bevölkerung liegt darin, wie sie über Gerüche denken. Parfümeure haben verstanden, dass wirksames Riechen nicht passiv, sondern aktiv und intellektuell geschieht. Sie können beginnen, wie ein Parfümeur zu denken, indem Sie versuchen, Verbindungen zwischen scheinbar unterschiedlichen Düften zu finden. Was ist es, das Coca-Cola seinen charakteristischen Geruch gibt? Was ist die Gemeinsamkeit von Chanel N° 5 und CK One? Erinnert Sie die schwitzige Note in Al Oudh von L'Artisan Parfumeur an eine Zutat, die man für Currys verwendet? Je mehr Sie nach Verbindungen Ausschau halten, desto leichter werden Sie sie erkennen.

Wenn Ihre eigenen Erfahrungen mit Parfum noch nicht über Drogerieregale hinausreichen, wird es nicht einfach sein, minderwertige Rohmaterialien zu erkennen. Doch unsere Fähigkeit zur olfaktorischen Rezeption ist sehr empfindlich. Wenn unsere Nasen sich einmal an exzellente Qualität gewöhnen, werden sie sich nicht mehr mit weniger zufrieden geben. Denken Sie über das nach, was Sie riechen, und Ihr Vermögen, zwischen verschiedenen Düften zu unterscheiden, wird bald wachsen.

Die Sprache des Parfums

Damit Sie Parfum wirklich wertschätzen können, sollten Sie die Unterschiede zwischen den wichtigsten olfaktorischen Familien kennen und einen nützlichen, praktischen Wortschatz von Duftbeschreibungen aufbauen. Um ein Gefühl für die Begriffe zu bekommen, lesen Sie einfach eine Rezension über ein Parfum. Vergleichen Sie anschließend, was andere Autoren über denselben Duft geschrieben haben – und ob deren Worte Ihren Erfahrungen beim Riechen des Parfums entsprechen. Mit der Zeit werden Sie sich auf den Jargon der Duftliebhaber einstimmen.

Über die Jahre wurden mehrere Klassifikationssysteme vorgeschlagen. Das sogenannte *Fragrance wheel*, ursprünglich 1983 von Michael Edwards entwickelt, unterteilt Parfum in vier große Kategorien: frisch, blumig, orientalisch und holzig, die im Folgenden beschrieben werden. Innerhalb jeder Kategorie können mehrere wichtige Begriffe oder Unterkategorien verwendet werden, um einen Duft weiter zu definieren. Zusätzlich zu diesen Gruppierungen ist es wichtig zu beachten, dass nicht alle Parfums eindeutig in eine Kategorie fallen, zum Beispiel können manche Düfte frisch-blumig, blumig-orientalisch oder holzig-orientalisch sein.

Frische Düfte

Dies sind meist durchscheinende, leichte Düfte. Folgende Unterkategorien sind besonders häufig:
Zitrus: Pikante Früchte wie Zitrone, Limette, Grapefruit und Orange.

Grün: Gerüche von frisch geschnittenem Gras, Blättern oder Erbsen.

Marine: Wasseraromen, wie z. B. eine Meeresbrise.

Fougère: Eine wichtige Teilmenge. Es ist ein meist maskuliner Duft, der auf einer erfrischenden, aromatischen Struktur von Lavendel, Cumarin und Eichenmoos basiert. Beispiele hierfür sind Davidoffs Cool Water und Geranium pour Monsieur von Frédéric Malle.

Blumige Düfte

Dieser Begriff umfasst die gesamte Palette der floralen Düfte, darunter Rose, Jasmin, Gardenie und Tuberose. Von weichen, pulvrigen Noten bis zu fruchtigen oder orientalischen Tönen ist es die größte und beliebteste Duftfamilie.

Soliflore: Einfache Düfte aus einer Blume.

Bouquet: Komplexe Mischungen und abstrakte Düfte.

Beispiele hierfür sind Chanel N° 5, Paris von Yves Saint Laurent und Anaïs Anaïs von Cacharel.

Orientalische Düfte

Mit warmen, würzigen Noten wird diese Kategorie reicher Düfte von schwereren Zutaten wie Weihrauch, Vanille, Moschus und verschiedenen anderen Harzen und Balsamen sowie Gewürzen wie Zimt und Nelken dominiert. Ein vielfältiges Angebot an orientalischen Düften ist abgedeckt, darunter holzig-orientalisch und blumig-orientalisch. Gängige Begriffe innerhalb dieser Kategorie sind:

Gourmand: Eine Art von orientalischem oder holzigem Duft, der sehr stark nach süßen Desserts riecht.

Amber (Bernstein): Eine reiche, süß duftende Mischung aus Zutaten wie Labdanum, Vanille und Benzoe. Typische Beispiele sind Shalimar von Guerlain, Obsession von Calvin Klein und Ambre Sultan von Serge Lutens.

Holzige Düfte

Mit Zedernholz, Patschuli, Vetiver und Sandelholz reichen die Düfte dieser Kategorie von exotischen Holzdüften bis zu trockenen, rauchigen und erdigen waldähnlichen Parfums. Zwei Untergruppen sind besonders bedeutsam:

Leder: Parfums (wie Bandit von Piguet und Cuir Mauresque von Lutens), die die bitteren, animalischen Gerüche einer Gerberei oder die weicheren Düfte fertigen Leders aufnehmen.

Chypre: Eine schwere, dichte Kreation von Zitrusölen, Eichenmoos, Patschuli und Labdanum, verkörpert durch Mitsouko von Guerlain und Mon Parfum Chéri von Annick Goutal.

›› Vor- und Nachteile synthetischer Riechstoffe

Natürliche und synthetische Stoffe ergänzen sich gegenseitig. Parfümeure nutzen sie, um bestimmte Effekte zu schaffen, sehr ähnlich einem Maler, der durch das Mischen verschiedener Farben und Stile ein Bild schafft. Ein Parfum wie Chanel N° 22 – mit seinen Aldehyden – könnte nicht ohne synthetische, die Schönheit älterer Parfums wiederum nicht ohne natürliche Stoffe bestehen.

Synthetische Stoffe sind meist billiger, aber vor allem sind sie nahezu unbegrenzt verfügbar, da sie relativ einfach zu produzieren sind. Das macht sie ideal für die Verarbeitung in industriellen Prozessen, sodass sie nun in Tausenden von Produkten enthalten sind. Alles, von Geschirrspülmittel-Tabs bis hin zu Kerzen, riecht heute *angenehm*.

Aber brauchen wir wirklich so viele parfümierte Produkte? Es desensibilisiert unsere Nasen und verringert so die Freude an hochwertigem Parfum, wenn wir ständig Düften ausgesetzt sind. Bleiben Sie also bei unparfümierten Produkten – Ihre Nase wird es Ihnen danken.

Trends und Variationen

Sie sollten immer daran denken, dass Düfte ebenso Moden unterliegen wie Frisuren oder die Rocklänge. Die 80er-Jahre waren von monolithischen, kompromisslosen Parfumriesen gekennzeichnet. In den 90er-Jahren bevorzugte man Düfte, die sich den Anschein geben wollten, rein und frei von Sünde zu sein. Heute scheint die Mainstream-Parfümerie nicht damit aufhören zu können, ein jugendliches, fruchtiges Gemisch nach dem anderen zu produzieren. Das könnte sich ändern, wenn die derzeitige Finanzkrise auch den Markt für Parfum trifft und die klassischen Düfte wieder beliebter werden. Sie sollten dies im Auge behalten, wenn Sie ältere Klassiker oder neue Düfte ausprobieren.

Der Preis des Oudh

Einer der teuersten Riechstoffe der Welt ist Oudh (manchmal auch Aoud oder Oud). Es ist das Kernholz des Adlerholzbaumes (in Südostasien beheimatet), das dieser als Verteidigungsmittel gegen Pilzinfektionen ausbildet. Der Geruch ist einzigartig und schwer zu beschreiben: eine Mischung aus ledrig, holzig, animalisch und erdölartig. Der Preis für das Kilo einer hochwertigen Art beginnt bei rund 8.500 Euro.

Den in diesem Buch genannten Düften liegen die neuesten Rezepturen zugrunde. Denken Sie beim Vergleich mit älteren Flaschen daran, dass Düfte nie aufhören sich weiter zu entwickeln. Die Geschwindigkeit der Änderung ist direkt proportional zum Kontakt der Flüssigkeit mit Luft, Licht und Wärme. Auch wenn viele Düfte eine neue Rezeptur haben (siehe S. 34), ist der Unterschied zwischen Neuem und Altem manchmal das Ergebnis von kaum mehr als dem Lauf der Zeit.

Es ist auch wichtig, den Einfluss kultureller Faktoren zu bedenken. Unsere Reaktionen auf Gerüche sind zu einem großen Teil durch unsere Erziehung und durch die Sitten der Gesellschaft, in der wir aufgewachsen sind, bestimmt. Aus diesem Grund haben Franzosen mit den dunkleren, *schmutzigeren* Gerüchen kein Problem, wohingegen sie in Nordamerika im Allgemeinen als abstoßend gelten. Deutsche neigen dazu, auf Zitronen basierende Gerüche nicht zu mögen, weil es sie an scharfe Reinigungsmittel erinnert. Intensive Noten von Lavendel werden in Großbritannien oft mit einem (vollkommen unfairen!) „Riecht wie alte Damen" bedacht. Durch das Meer inspirierte Düfte sind in Japan selten erfolgreich, weil sie mit dem Begriff des *Nichts* gleichgesetzt werden. Brasilianer können nicht genug bekommen von den strahlenden, fruchtigen Kompositionen, über die Europäer meist die Nase rümpfen.

Faktoren wie diese erklären, weshalb die Beliebtheit eines Parfums im Laufe der Zeit wachsen und fallen kann, oder warum es in einem bestimmten Land zu einem großen Erfolg wird, während es in anderen unbedeutend bleibt.

Die Kategorien von Parfums

Die Unterscheidung zwischen Mainstream- und Nischenparfums (oder unabhängigen Parfums) ist nicht immer klar, aber für die Zwecke dieses Buches bezieht sich Ersteres auf Marken, die ihre Düfte in Masse produzieren und sie weltweit vertreiben. Nische bedeutet geringere Produktion und eingeschränkten Vertrieb. Streng genommen lassen sich die beiden Begriffe nicht auf eine spezielle Art der Parfümerie beziehen. Aber wie man sehen wird, neigen Nischenmarken häufiger zu vielschichtigen, anspruchsvollen Kreationen.

Mehrere Firmen – darunter Guerlain, Chanel und Dior – produzieren inzwischen sowohl Mainstream- als auch exklusivere Düfte, denen einige Leute das Etikett *Nische* gegeben haben. Aus Gründen der Einfachheit wurden alle diese Fälle als Mainstream kategorisiert.

Die Bezeichnung eines Dufts als maskulin, feminin oder unisex ist eine Frage der Vermarktung. Viele Nischendüfte sind nicht speziell für ein Geschlecht konzipiert. In diesem Fall wurden sie danach eingeteilt, ob der Duft mehr feminine oder maskuline Facetten zeigt. Aber behalten Sie immer im Hinterkopf, dass alle Düfte zu beiden Geschlechtern passen können.

» Mainstream: feminin

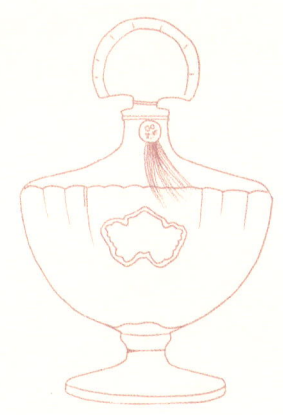

Mainstream: feminin

Die folgenden Düfte werden als feminin vermarktet. Im Allgemeinen kann man sagen, dass die meisten zur Familie der blumigen und orientalischen Parfums zählen, obwohl es einige bemerkenswerte Ausnahmen gibt.

Chanel

31 Rue Cambon, Paris, Frankreich

+33 1 42 86 26 00, www.chanel.com

Gabrielle *Coco* Chanels gleichnamiges Modehaus ist seit seiner Gründung zu Beginn des 20. Jahrhunderts ein Synonym für Eleganz. Ihr erstes Parfum, N° 5, ist zu einer Ikone in der Welt der Düfte geworden. Jacques Polge ist seit 1978 der Parfümeur des Hauses. Zu seinen Kreationen gehören das beliebte Coco und Coco Mademoiselle. Das Unternehmen ist im Privatbesitz von Alain und Gerard Wertheimer.

» ### N° 5 (blumig)

Le Snob TIPP 1921 vorgestellt, wurde Chanel N° 5 zum kommerziell erfolgreichsten Duft aller Zeiten. Dieses ätherische, pudrige Meisterwerk von Ernest Beaux ist eine fantastische Leistung hinsichtlich Balance und Abstraktion: die Aldehyde verhindern, dass es zu sehr ins Seifige kippt; die Bauchnote aus Jasmin und Ylang-Ylang behält Exklusivität, ohne zu einer Karikatur zu verkommen; die Basis aus Sandelholz ist nie zu präsent. Ein unvergleichlicher Genuss von Anfang bis Ende und die Essenz zeitloser französischer Eleganz. Machen Sie sich die Mühe und vergleichen Sie EdT, EdP und das Parfum, die sich deutlich voneinander unterscheiden.

» N° 19 (blumig)

Von allen grünen Zutaten der Parfümerie ist das intensive erbsenartige Galbanum einzigartig, wenn es um besondere Frische geht. Henri Robert verwendet es hervorragend bei seinem Duft aus dem Jahre 1971, der reiche Eleganz mit Neroli, Iris und einem ausdrucksstarken Mittelteil von Lilie, Hyazinthe und Mimose verbindet. Entgegen der verbreiteten Meinung ist N° 19 nicht kalt: Es ist formell. In einer Zeit, in der wildfremde Menschen Sie bei Ihrem Vornamen ansprechen, ist das eine lobenswerte Eigenschaft.

» Cristalle (Chypre)

Es ist nicht schwer zu verstehen, weshalb manche Chypre-Düfte heute nicht mehr allzu beliebt sind: Sie gelten als zu betulich und verstaubt. Cristalle zeigt, dass es immer eine Zukunft für diese Art von Düften geben wird. Sein Hintergrund ist aus dunklen, fast knorrigen Hölzern und Moosen komponiert, aber sein Herzstück ist eine gekonnt zusammengestellte Auswahl von Zitrusfrüchten, die deren Formen, Farben und Texturen zeigt. Dieses Nebeneinander scheint seit 1974 kein bisschen gealtert zu sein.

Christian Dior

30 Avenue Montaigne, Paris, Frankreich

+33 1 40 73 73 73, www.dior.com

Diors Parfum-Sparte entstand in den späten 1940er-Jahren mit Miss Dior. Seither wurden dort einige der erfolgreichsten Düfte aller Zeiten produziert. Unter der Leitung von Parfümeur François Demachy hat die Marke vor kurzem mehrere Klassiker mit neuen Formeln versehen, um sie den aktuellen Anti-Allergen-Richtlinien anzupassen. Dior wurde in den späten 1980er-Jahren Teil der LVMH-Gruppe.

» Dune (orientalisch)

Der Gedanke an Wasser ist besonders qualvoll, wenn Sie gerade verzweifelt nach einem Getränk lechzen, was vielleicht erklärt, weshalb die Saftigkeit von Dunes Blütenduft fast sadistisch ist. Gegenüber der Basis von Hölzern und Harzen und einer genialen Nachahmung von Wüstensand – eine Mischung aus grünen, pudrigen und marinen Noten – scheint sich das Blumige zu verflüchtigen, sobald Sie sich darauf zu konzentrieren versuchen. Die olfaktorische Landschaft dieses genialen Werks verwahrt sich gegen jeden Versuch, sie genau zu bestimmen.

» Poison (blumig-orientalisch)

 Dieses Parfum, dessen Name nach seiner Vorstellung 1985 in aller Munde war, hat es in sich. Eine Tuberose mit massiven Schulterpolstern und noch erschreckenderem

Haar, die ihr toxisches Herz mit Noten von Äpfeln, Beeren, dickem Sirup und Hölzern verbindet, die seit der Altsteinzeit kein Sonnenlicht mehr gesehen haben. Sollten Sie sich entscheiden, nur einen Duft aus den 80er-Jahren zu besitzen, dann muss es dieser sein.

Clinique

www.clinique.co.uk

Clinique wurde 1968 als Marke von Estée Lauder gegründet und von Evelyn Lauder, der Schwiegertochter von Estée Lauder, aufgebaut. Vor allem für Hautpflege- und Kosmetikartikel bekannt, produziert sie seit 1971 – beginnend mit Aromatics Elixir – auch eine Reihe von Düften.

» **Aromatics Elixir (Chypre)**
Einige Zutaten passen so gut zusammen, dass sie ganz sicher auch in Zukunft gemeinsam in Parfums zu finden sein werden. Patschuli und Rose ist vielleicht eine der beständigsten Kombinationen – und Aromatics Elixir ein guter Duft, um deren charakteristischen Merkmale zu riechen. Das Patschuli vertieft und entfaltet die Rose, während es selbst durch die Blume gleichzeitig angehoben und gemildert wird. Gemeinsam verbinden sie intellektuelle Sinnlichkeit mit einer Unverwechselbarkeit, die den Test der Zeit weitestgehend bestanden hat.

Estée Lauder

www.esteelauder.com

Mit der Absicht, es Frauen zu ermöglichen, hochwertige Parfums zu erschwinglichen Preisen kaufen zu

» Neue Formeln

Düfte werden in regelmäßigen Abständen aus den
unterschiedlichsten Gründen neu zusammengestellt:
In einigen Fällen wird der Gebrauch bestimmter
Rohstoffe entweder unethisch oder ungeeignet (zum
Beispiel von Tieren gewonnene), oder schlichtweg zu
teuer (wie einige Sorten von indischem Sandelholz).
Manchmal versuchen die Firmen auch, ihre Formeln
zu verbilligen, um den Profit zu erhöhen.

Am umstrittensten ist jedoch die Einhaltung der
Anti-Allergen-Richtlinien. Sie werden jährlich von der
International Fragrance Association (IFRA) heraus-
gegeben und benennen die maximale Menge, bis zu
welcher potenziell gefährliche Stoffe verwendet werden dürfen – oder verbieten andere ganz. Alle großen
Produzenten gehören zu dieser Organisation.

Das berühmteste Opfer war Eichenmoos, was das
klassische Chypre grundlegend änderte. Einige Mit-
glieder versuchen für ihre Parfums den Status eines
Kulturerbes zu bekommen, um sich nicht an die
Richtlinien der IFRA halten zu müssen.

können, ließ Estée Lauder einige bemerkenswerte amerikanische Düfte kreieren. Ihr Unternehmen besitzt eine Reihe hochkarätiger Marken wie Clinique, Aramis und Donna Karan.

» Beyond Paradise (blumig)

Wenn das Bemühen um olfaktorische Hygiene Mitte der 90er-Jahre mehr engelsgleiche Kreationen wie diesen Duft von Calice Becker aus dem Jahr 2003 hervorgebracht hätte, hätten Parfumliebhaber während der letzten zehn Jahre weniger Grund zur Klage gehabt. Auf der einen Seite ist BP ein transparenter weißer Blumenduft, auf der anderen eine idealisierte, abstrakte Vision aller transparenten weißen Blumendüfte. Es gleicht einer von Gras gesäumten Wolke aus Jasminblüten, die sanft im Himmel schwebt. Das alles ergibt Sinn, wenn man weiß, dass dieser Duft durch die idyllische Atmosphäre des Eden Project inspiriert wurde, ein botanischer Garten in England, in dem Pflanzen aus der ganzen Welt gesammelt werden.

» Youth-Dew (orientalisch)

 Das Parfum ist so hinreißend und bemerkenswert wie immer. Mit einer ausgesprochen unamerikanischen Dosierung von biblischen Ölen und Harzen ist es eines der reifsten und anmutigsten Mitglieder der Riege der süßen, pudrigen Orientalen. Äußerst zäh und manchmal liebevoll eigentümlich (ist das Leder oder

036

Aspirin?), ist YD ein Zeugnis für die Fähigkeiten seiner selten erwähnten Schöpferin Josephine Catapano. Sein Name war schon immer ein bisschen albern. Doch vielleicht ist er auch der Versuch auszudrücken, dass gute Ideen zeitlos sind: Sie werden niemals alt oder verwelken.

Guerlain

68 Avenue des Champs-Élysées, Paris, Frankreich

+33 1 45 62 52 57, www.guerlain.com

Der Inbegriff einer französischen Parfümerie. Sie wurde 1828 von Pierre-François-Pascal Guerlain gegründet, der Düfte für mehrere Königshäuser kreierte, darunter 1853 Eau de Cologne Impériale für Kaiser Napoleon III. und seine Frau Kaiserin Eugénie. Guerlain hat mittlerweile mehr als 800 Düfte geschaffen, von denen viele als die feinsten aller Zeiten gelten, und der Flagshipstore auf den Champs-Élysées ist eines der weltweit beliebtesten Einkaufsziele für Duftliebhaber. Sein aktueller Parfümeur Thierry Wasser ist das erste Nicht-Familienmitglied auf diesem Posten. Das Haus wurde 1994 von der LVMH-Gruppe übernommen.

» **Après l'Ondée (blumig)**

Le Snob TIPP   Man könnte sagen, dass einige der trostlosesten Landschaften auf diesem Planeten auch die schönsten sind. Von dieser Idee inspiriert kombinierte Jacques Guerlain 1906 blasse, pulvrige Iris mit einem Hauch der mandelähnlichen Note von Sonnenwenden (Heliotrop) und einer schwachen kräuterartigen Süße. Das Ergebnis erinnert sowohl an das Papier eines Abschiedsbriefes als auch an die Tränen des Verlassenen, der ihn liest. Après l'Ondée ist ständig am Rande der absoluten Verzweiflung – und das macht den Duft so spannend. Ein führender Mitarbeiter von LVMH hat erklärt, dass die Anti-Allergen-Richtlinien diesen Duft vielleicht verschwinden lassen werden. Wenn Sie also seinem Charme erliegen, sorgen Sie für Vorrat.

» Jicky (Fougère)

Es ist schwer zu glauben, doch dieses Parfum gibt es schon seit 1889. Obwohl seine Mischung aus Lavendel, Zibet und Vanille einen gewissen Flair der alten Welt versprüht, machen die Noten von bitteren Kräutern und Holzspänen es doch sehr viel moderner und gegenwärtiger als den meisten gewöhnlichen Brei, der derzeit angeboten wird. Angeblich pflegte Jean-Paul Guerlain zu sagen, dass nur drei große Fougères jemals gemacht wurden: Fougère Royale, Mouchoir de Monsieur und Jicky. Was Letzteres betrifft, so ist es sehr schwierig, dem zu widersprechen.

EINZIGARTIG » EXKLUSIV » ULTIMATIV Snob

Diorissimo Da die jetzige Mischung von Edmond Roudnitskas Maiglöckchen-Meisterwerk nur noch ein Schatten seines früheren Ichs ist, suchen Parfumliebhaber häufig ältere Flaschen. Von besonderem Interesse ist die Baccarat-Edition von 1955 mit einem vergoldeten Blumenstrauß als Verschluss. Ein Flakon in gutem Zustand und mit unberührtem Inhalt kostet um die 7.500 Euro.

Nahéma (blumig-orientalisch)

Le Snob TIPP Obwohl ein kommerzieller Flop nach seiner Vorstellung 1979, ist Nahéma Guerlains Krönung als Parfümeur. Wie bereits unzählige Male hervorgehoben wurde, sind die ersten Minuten des Duftes ein erstaunlicher Strudel der Kontraste. Man wird von einem Gewitter hin- und hergerissen, ohne zu ahnen, was als nächstes kommen wird. Wenn die Unruhe langsam abklingt, bleibt ein unvergleichlicher Rosenduft zurück: pfeffrig, dick, honigsüß, pfirsichartig, holzig und völlig unwiderstehlich. Perfektion.

Shalimar (orientalisch)

Le Snob TIPP Die unbestrittene Königin aller orientalischen Düfte. In einfachen Worten: Shalimar ist eine Mischung aus Bergamotte, Amber und Ethylvanillin. Aber das ist ungefähr so hilfreich wie zu sagen, Wein werde aus Trauben und Hefe gemacht. Jacques Guerlains Hand wurde von der sinnlichsten Muse des Parfums geführt, als er Hölzer, Kräuter, Obst und animalische Noten kombinierte. Das Ergebnis ist eine schlüpfrige, zeitlose Schönheit, so voller Präsenz und Magnetismus wie die schönsten Beispiele erotischer Kunst. Dieser Duft täuscht so lange tadellose Höflichkeit vor, bis er Sie mit nur einem tiefen Atemzug erwischt – danach ist Ihre Tugendhaftigkeit hoffungslos verloren.

» Mitsouko (Chypre)

Ob Sie diesen Duft anbeten oder sich über die Aufmerksamkeit wundern, die ihm zuteil wird: Man kann nicht bestreiten, dass jeder dieses Parfum, das manche für das größte aller Zeiten halten, versuchen sollte. Es gibt dem bereits Gesagten nichts Neues hinzuzufügen: Kurz: Es wurde 1919 von Jacques Guerlain kreiert – er fügte dem wesentlichen Chypre-Akkord von Bergamotte, Labdanum und Eichenmoos eine Pfirsichnote hinzu – und schrieb ob seiner Schönheit und ausgewogenen Komposition Parfumgeschichte. Heute, trotz (oder wegen?) der Neukreation, bleibt es ebenso rätselhaft und verlockend wie der Blick einer Frau, die immer schon alle ihre innersten Gedanken für sich behalten hat. Wenn Sie erwägen es zu kaufen, sollten Sie in das Parfumkonzentrat investieren.

Issey Miyake

www.isseymiyakeparfums.com

Der japanische Designer gründete sein in Paris ansässiges Modehaus in den frühen 1970er-Jahren. Doch sein erster Duft – das phänomenal erfolgreiche L'Eau d'Issey – erschien erst 1992. Die Parfümeriesparte wird derzeit von Shiseido geführt.

» L'Eau d'Issey (frisch)

Gemeinsam mit CK One und Eau Parfumée au Thé Vert von Bulgari richtete sich Jacques Cavalliers Riesenerfolg aus dem Jahre 1992 gegen die nahezu unzugänglichen Parfums der 80er-Jahre. Obgleich schlicht und schwerelos, beherrscht es die Art von Trick, mit der nur die Parfümerie umzugehen versteht: Eine

Weise Worte

Roja Dove, Parfümeur,
Roja Parfums, UK

» Der Einfluss der Werbung

Glauben Sie nicht der Parfumwerbung. Sie lügt immer. Sie werden am Ende weder eine Diamantenkette um den Hals tragen noch Skateboard fahren können, nur weil eine Kampagne das suggeriert. Folgen Sie immer Ihrer Nase.

Unsere Branche ist hauptsächlich im Besitz einiger großer Häuser, die bei der Gestaltung ihrer Produkte unglaublich raffiniert sind. Doch oft gibt es kaum einen Unterschied zwischen einem Promiduft und dem Rest der Produkte auf dem Markt. Deshalb sollten Sie die Werbung ignorieren und das Parfum wählen, das Ihnen ein gutes Gefühl gibt.

Gehen Sie mit einem Stift, Zeit und ohne Freunde in eine Parfümerie. Sprühen Sie einige Düfte auf Löschpapier und schreiben Sie die Namen der jeweiligen Parfums darauf. Drehen Sie die Papiere dann um, sodass Sie nicht durch die Namen beeinflusst werden. Riechen Sie zunächst an zweien davon und legen Sie das beiseite, das Ihnen weniger gefällt. Machen Sie damit weiter, bis maximal zwei Düfte übrigbleiben. Sprühen Sie diese auf Ihre Haut und sehen Sie was passiert.

schrille Note Nagellackentferner und blasse Blumen verbinden sich mit Calone (ein synthetischer Duft nach Austern). Doch wie durch Zauberei wird das Ganze zu etwas, das an die pure Schlichtheit von Wasser erinnert. Oder, um genauer zu sein, die zerbrechliche, kristalline Schönheit eines Eiszapfens.

Jean Patou

5 Rue de Castiglione, Paris, Frankreich

+33 1 42 92 07 22, www.jeanpatou.com

Der Designer Jean Patou hatte erheblichen Einfluss auf die Mode des frühen 20. Jahrhunderts. Sein Haus begann 1925 mit dem Verkauf von Parfum, und obwohl er nur elf Jahre später starb, ziert sein Name noch immer die Flakons einer Reihe belieber Düfte.

» Joy (blumig)

Patou ist angeblich eine der wenigen verbliebenen Marken, die noch immer Jasmin und Rosen aus Grasse verwendet. Es wäre schwierig, dies zu belegen, aber es ist nicht zu leugnen, dass Henri Alméras'

Eau de verwirrend

Neben den üblichen Standards wie Eau de Toilette, Eau de Parfum und Parfum verwenden Parfumhäuser manchmal eine verwirrende Vielzahl anderer Begriffe. Zum Beispiel liegt *Esprit de Parfum* irgendwo zwischen EdP und Parfum. *Eau de Toilette intense* ist fast so stark wie EdP.

Riesenerfolg von 1929 sich immer noch so dekadent anfühlt wie eine Magnumflasche Dom Pérignon. Obwohl die derzeitige Formel bei der Verbindung von Rose und Jasmin nicht ganz so überzeugt wie die alte Komposition, erfüllt sie doch ihre primäre Aufgabe: Sie schafft eine liebliche Blume, die im wahrsten Sinne des Wortes jedes Stück Haut bereichert, das mit ihr in Berührung kommt.

Kenzo

www.kenzoparfums.com

Der japanische Designer Kenzō Takada brachte seine erste Modekollektion für Herren 1983 heraus. Seit 1988 tragen auch Parfums seinen Namen, wobei das Aushängeschild von Kenzo das im Jahr 2000 von Alberto Morillas geschaffene Flower ist.

» Flower (blumig)

Synthetische Moschusverbindungen sind heute ein Hauptbestandteil von Waschmitteln und Weichspülern. Daher laufen Düfte mit hohem Moschusanteil Gefahr, in etwa so romantisch wie ein Korb Wäsche zu riechen. Flower vermeidet dieses Schicksal, indem es den Moschus mit einer mutigen Dosis Vanille, reichlich Aldehyden und einem abstrakten Akkord sanfter Blumentöne mildert. Das Ergebnis ist ein leichteres, weniger kompliziertes N° 5 – direkt von der Wäscheleine.

Lancôme

www.lancome.co.uk

Armand Petitjean, ein ehemaliger Mitarbeiter von François Coty (Gründer des heute als Coty Inc. bekannten Unternehmens), gründete Lancôme 1935. Der Firmenname wurde durch die Ruine des Château de Lancosme inspiriert, das Logo soll von den Rosen stammen, die neben dem Chateau wuchsen. Die Marke gehört seit 1964 zu L'Oréal.

Trésor (blumig)

In gewissem Sinne ist Sophia Grojsmans Bestseller aus dem Jahr 1990 nicht viel mehr als eine Rose auf der Basis von Holz und Vanille, aber es ist die Ausführung seiner zentralen Idee, die Trésor so unwiderstehlich macht. Sein blumiger Akkord ist mit einer heiteren Note Lippenstift angereichert. Das Vetiver und die Moose in der Basis drohen jederzeit in Flammen aufzugehen. Es bräuchte felsenfeste Hartnäckigkeit, dem Lavakuss dieser besonderen Dame zu widerstehen.

Paco Rabanne

www.pacorabanne.com

Der Name des spanisch-französischen Modedesigners ziert seit dem 1969 erschienenen Calandre eine Reihe erfolgreicher Parfums, darunter so lukrative wie 1 Million und Lady Million. Die Parfümeriesparte der Marke ist im Besitz von Puig.

» Calandre (blumig)

Michel Hys Komposition aus dem Jahr 1969 bietet eine praktische Lektion darüber, wie sich die Wahrnehmung eines Parfums im Laufe der Zeit verändern kann. Zu Beginn galt Calandre als eher avantgardistisch: Seine glänzenden metallischen Kanten wurden als Vorboten einer zukünftigen Zeit gesehen, in der Technologie und Fleisch zu einer unvorstellbaren Gemeinschaft verschmelzen würden. Heute, obwohl es seine merkwürdige Platinhaftigkeit behalten hat, erinnern die seifigen, pudrigen Blumen in seinem Herzen an Tage, als Feminismus und Frauenbewegung so radikal wie die seltsamste Science-Fiction waren.

Thierry Mugler

49 Avenue Montaigne, Paris, Frankreich

+33 1 44 78 78 44, www.mugler.com

Seit dem Verkauf seines ersten Parfums Angel im Jahr 1992 ist Mugler eine kantige, unberechenbare Mainstream-Marke. Mit markanten Flaschen und mutigen Düften beweist das Unternehmen, dass es sich heute in einem übersättigten Markt auszahlt zu polarisieren. Die Marke ist derzeit im Besitz von Clarins.

» Angel (orientalisch)

Es gibt viele Kenner, die sehr glücklich wären, wenn sie Angel nie wieder riechen müssten: Es ist einer der meistverkauften und bekanntesten Düfte aller Zeiten, doch Bekanntheit und Verachtung gehen oft Hand in Hand. Nichtsdestotrotz ist Angel erwähnenswert, da es das Gourmand-Subgenre der Orientalen bekannt machte, und auch wegen seiner raffinierten Mischung aus schwereren Noten (hauptsächlich Patschuli) mit einem fast schon übertriebenen Effekt von Süßigkeiten auf einem Rummelplatz (durch das synthetische Ethylmaltol). Ein wichtiger Trendsetter.

Yves Saint Laurent

6 Place Saint-Sulpice, Paris, Frankreich

+33 1 43 29 43 00, www.ysl-parfums.com

Yves Saint Laurent eröffnete sein Couture-Haus im Jahr 1961. Mit der Veröffentlichung seines ersten Parfums Y im Jahr 1964 begann die Marke zu diversifizieren. Seitdem ziert das ikonische Logo die Flaschen zahlreicher beliebter Düfte, darunter Opium, Nu, Rive Gauche und Jazz. Die Sparte Parfum und Kosmetik wurde 2008 von L'Oréal übernommen.

» **Paris (blumig)**

Obwohl Parfümeure unzählige Male zum Thema „pulvrige Rose" zurückgekehrt sind, ist nur wenigen eine augenblicklich so einnehmende Kreation wie Sophia Grojsman gelungen. Wie ein idealisiertes Bouquet bietet Paris genau die richtigen Ebenen von rosa Blumen, grünen Noten, Süße und Holz, um daraus einen märchenhaften Duft direkt aus einem verwunschenen Garten zu weben. Wenn kleine Mädchen versuchen, Parfum durch das Mischen von Rosenblüten mit Wasser zu machen, dann ist es dieser Duft, den sie vor Augen haben. Am besten sollte man beim EdP bleiben, da das EdT sehr herb sein kann.

» Mainstream: maskulin

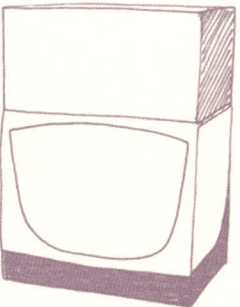

Mainstream: maskulin

Herrendüfte sind in der Regel Eau de Colognes oder Eau de Toilettes und werden selten als EdP oder Parfum-Extrakte verkauft. Die Düfte der Mainstream-Marken sind meist holzig oder frisch.

Caron

34 Avenue Montaigne, Paris, Frankreich

+33 1 47 23 40 82, www.parfumscaron.com

Gegründet im Jahr 1904 von Ernest Daltroff, stand Caron einst für all das, was man in der Welt der französischen Parfümerie bewunderte: Innovation, kompromisslose Kunst und die Verwendung von hochwertigen Zutaten. Tabac Blond, Fleur de Rocaille und Bellodgia sind nur drei der legendären Düfte des Hauses. 1998 wurde es Teil der Ales Group; die Düfte kreiert derzeit Richard Fraysse.

» **Pour un Homme (blumig)**
PuH von 1934 war das erste Parfum speziell für Männer und bleibt schwer zu schlagen. Obwohl es mit behaarten Rugby-Spielern wirbt, hat es einen der friedlichsten Düfte: süßen Lavendel. Natürlich gibt es mehr (Pfeffer und Rosmarin für einen Hauch von Intrigen; Vanille gibt einen orientalischen Einschlag; Zibet sorgt

für ein Maß an Testosteron), aber im Wesentlichen dient es für Zeiten, in denen Sie interessant, aber unkompliziert riechen wollen. Möge es lange bei uns sein. Es ist auch in einer schwer zu findenden Konzentration namens L'Impact de Pour un Homme zu haben.

Cartier

154 Avenue des Champs-Élysées, Paris, Frankreich

+33 1 40 74 01 27, www.cartier.com

Die Pariser Juweliere aus dem 19. Jahrhundert schufen ihren ersten Duft, Must de Cartier, im Jahr 1981. Seitdem hat Cartier mit einigen erfolgreichen Mainstream-Düften seinen angesehenen Ruf gepflegt. Im Jahr 2005 wurde Jean-Paul Guerlains ehemalige Assistentin Mathilde Laurent als Inhouse-Nase angeheuert.

» **Déclaration (holzig)**

Bei dem Versuch, sich von allem fernzuhalten, was als weiblich gilt, sind viele Düfte für Männer der schieren

Iron

Iron gehört zu den teuersten synthetischen Materialien zur Herstellung von Parfum. Gewonnen aus der Butter der Iriswurzel (die selbst schon extrem teuer ist), hat es einen zarten floralen Duft, der einem Parfum einen Hauch von feinem, pulvrigem Reichtum verleihen kann. Ein Kilogramm kostet etwa 1.300 Euro.

Idiotie verfallen. Déclaration von Jean-Claude Ellena ist ein seltenes Beispiel für einen maskulinen Duft mit überschäumendem Temperament, Einfachheit und beeindruckendem IQ. Mit fast unsichtbarer Leichtigkeit überzeugen Kardamom, Wacholder und Kiefern die holzige, moschusartige Basis davon, sich zu voller Größe aufzubauen – Schultern zurück, Bauch rein. Jeder sieht besser aus, wenn er auf seine Haltung achtet. Déclaration ist wie ein tragbarer Chiropraktiker, ohne das unheimliche Knacken der Knochen.

Chanel

siehe Seite 30

» Antaeus (ledrig)

Le Snob TIPP Im Nahen Osten sagt man, dass ein Mann, der in Frauenkleidern gut aussieht, ein hübscher Kerl sein muss. Diese Maxime scheint auf Antaeus zuzutreffen. Vieles lässt an Weiblichkeit denken: die Pulvrigkeit, die Weitschweifigkeit, die rosigen Aspekte, die süße, fast orientalische Basis aus Bienenwachs. Aber es gibt nie einen Zweifel daran, wem dieses Parfum wirklich die Treue hält: Das Raunen des Leders im Mittelpunkt seiner Struktur führt es wieder sicher ins Reich des Männlichen. Nicht umsonst trägt es den Namen des Sohnes von zwei der wichtigsten griechischen Götter.

Christian Dior

siehe Seite 32

» **Dior Homme (blumig)**

Le Snob TIPP Je stärker ein Duft der Analyse widersteht, desto besser muss er sein – so eine verbreitete Annahme. Wenn dem so ist, dann muss Dior Homme von Olivier Polge einer der ganz Großen sein, denn es ist äußerst schwer zu erkennen, wo seine Bestandteile beginnen und enden. Der Kern seiner Formel ist süße Iris – so viel ist klar –, aber es gibt auch eine Andeutung von Leder, eine Portion gerösteter Früchte und reichlich Aldehyde. Sie haben Recht, wenn Sie denken, das klänge alles feminin, aber es passt auch wunderbar zu einem Mann – vor allem zu einem solchen, der den Kragen seines Trenchcoats aufstellt und sich den Weg nicht nur durch die Menge, sondern auch das Wetter und die Zeiten bahnt.

Davidoff

535 Madison Avenue, New York, USA

+1 212 751 9060, www.zinodavidoff.com

Der junge Zino Davidoff übernahm das Genfer Tabakgeschäft seiner Eltern in den 1930er-Jahren und machte aus dem bescheidenen Laden ein lukratives Unternehmen. Seit seinem Tod im Jahr 1994 verwaltet Coty Inc. die Parfümeriesparte der Marke.

» **Cool Water (Fougère)**

Leider neigt die Mainstream-Welt nicht dazu, Männer besonders gut zu behandeln: Die meisten maskulinen

Düfte sind dünne, kaum zu unterscheidende Suppen aus Holz- und Zitrusnoten. Cool Water von 1988 ist eine seltene Ausnahme: ein *Volksduft*, der Tradition und moderne Lebhaftigkeit ausbalanciert. Ins Olfaktorische übertragen bedeutet dies eine schwere Kopfnote aus Mandarine, vereint mit einer lavendelbetonten Fougère-Struktur. Manchmal riecht es fast wie ein Weichspüler, aber es verliert nie seine angenehme Klarheit.

Gucci

Via Condotti 8, Rom, Italien

+39 06 67 90 40 5, www.gucci.com

Das Luxusgüter-Unternehmen veröffentlichte seinen ersten Duft, No. 1, im Jahr 1974, als das Unternehmen 54 Jahre alt war. Seitdem hat es sich zu einem der erfolgreichsten Parfumhäuser entwickelt. Derzeit werden seine Düfte von Procter & Gamble produziert.

» ### Pour Homme (orientalisch)

 Im Jahr 2003, unter der kreativen Leitung von Tom Ford, legte Michel Almairac einen der schönsten maskulinen Düfte vor, den die Welt der Mainstream-Parfums je gesehen hatte. Auf dieselbe Art, wie ein gut geschnittener Anzug der männlichen Figur schmeichelt, ergänzt Pour Homme – mit seiner unvergleichlichen Kombination aus Zedernholz, Weihrauch und Amber – die Persönlichkeit

» Das Geschlecht eines Dufts

Bei der Wahl eines Parfums sollten Sie nicht zu viel Aufmerksamkeit darauf verwenden, ob es als maskulin oder feminin verkauft wird. Für Menschen, die eher konservativ sind, kann das *Geschlecht* eines Parfums zu Beginn hilfreich sein. Aber in Wahrheit ist ein Duft eine Form des persönlichen Ausdrucks, den wir nicht mit Einschränkungen belegen sollten.

Natürlich können kulturelle Faktoren nicht ignoriert werden. Im Nahen Osten ist die Verwendung von Parfum sehr viel spiritueller und persönlicher. In den westlichen Kulturen scheinen viele Leute Parfum zu tragen, um Aufmerksamkeit zu erregen. Männer scheinen sich prinzipiell nach wie vor noch mit der Idee anfreunden zu müssen, sich zu parfümieren.

Vereinfacht gesagt: Feminine Düfte auf Basis von Hölzern und Vanille können auch sehr gut von Männern getragen werden. Und was die Frauen betrifft: Sie sind ohnehin abenteuerlustiger, sodass wahrscheinlich alle männlichen Düfte zu ihnen passen würden. Ignorieren Sie die Geschlechterzuordnungen und vertrauen Sie auf Ihre Persönlichkeit. Sie wird Sie zum richtigen Duft führen.

seines Trägers um eine Aura von aristokratischer Urbanität. Gucci hat immer wieder damit gedroht, diese erhabene Kreation nicht weiter zu führen, aber zum jetzigen Zeitpunkt gibt es Pour Homme noch. Greifen Sie also zu, solange Sie noch können. Achten Sie darauf, es nicht mit dem 2008er Gucci by Gucci Pour Homme zu verwechseln.

Guerlain

siehe Seite 37

» **Habit Rouge (orientalisch)**

 Jean-Paul Guerlains Meisterwerk von 1965 ist einer der atemberaubendsten Ausdrücke von Männlichkeit in der Geschichte der Parfümerie. Die Zitrus-Kopfnoten vermitteln Vitalität. Die süße Orangenblüte steht für Leidenschaft. Die Harze im Drydown lassen an Stärke und Integrität denken. Und das staubige Leder scheint direkt aus dem Herzen eines einsamen Dichters zu stammen. Trotz kleiner Änderungen an seiner Formel bleibt HR markant, eloquent und unwiderstehlich. Bestimmte Guerlain-Boutiquen verkaufen es in einer besonders milden Parfumkonzentration.

Hermès

24 Rue du Faubourg Saint-Honoré, Paris, Frankreich

+33 1 40 17 46 00, www.hermes.com

Der Leder- und Luxusgüter-Hersteller begann 1837 als exklusive Pariser Werkstatt für Sättel und Zaumzeug. Heute ist Hermès weltweit bekannt für die Qualität seiner Designs, seine hervorragende Handwerkskunst und den Sinn für Humor, der häufig in den Arbeiten steckt. Jean-Claude Ellena wurde 2004 zum ersten Inhouse-Parfümeur ernannt.

» **Terre d'Hermès (holzig)**

Hermès behauptet, dieser Duft enthalte einen *Feuerstein-Akkord*, und es ist nicht schwer zu erkennen, was das bedeutet. Obwohl TdH im Wesentlichen ein kühles Vetiver ist, gibt es etwas an der Art, wie seine gemeißelten Kanten das Licht einfangen (vielleicht ein Effekt der Aldehyde und des Geraniums), das an eine glatte, kristalline Struktur erinnert. Terre ist elegant und tadellos, ein geborener Anführer, der von Natur aus versteht, welche Macht zu jeder Zeit im Schweigen liegt. Sie sollten sich unbedingt für die Parfumkonzentration entscheiden.

Jean Paul Gaultier

44 Avenue George V, Paris, Frankreich

+33 1 44 43 00 44, www.jeanpaulgaultier.com

Die erste Kollektion des französischen Designers wurde 1976 vorgestellt, sein erstes Parfum Classique erst 1993. Die anarchische Ader, für die er einst berühmt war, lässt sich heute noch an den Verpackungen vieler seiner Düfte erkennen, vom weiblichen Torso von Classique bis zur karikaturenhaften Silhouette von Kokorico. Die Lizenzen für die JPG-Düfte liegen bei Shiseido.

» **Fleur du Mâle (blumig)**

Das Plakat, mit dem für FdM geworben wurde, zeigte einen entspannt lächelnden Mann, der in einer mit weißen Blumen gefüllten Wanne sitzt. Dieses eine Mal hatten die Werber es richtig gemacht: Francis Kurkdjians Formel verwendet Vanille, Moschus, Aldehyde und gefühlt eine Gallone Orangenblüten, um die maskuline Parfümerie in Einklang mit der Geschlechterpolitik des 21. Jahrhunderts zu bringen. Mit anderen Worten: FdM ist der Duft für die Ära des gepflegten, metrosexuellen Mannes, und für Kerle, die mutig genug sind, sich ihren Gefühlen zu stellen. Ein schneidiger, beschämend unterschätzter Duft.

Yves Saint Laurent
siehe Seite 46

» Kouros (Fougère)

Pierre Bourdons Koloss von 1981 ist heute noch ebenso schwer zu beschreiben wie zu der Zeit, als er sich seinen Weg in die Welt der YSL-Düfte bahnte. Sie können die hellen Zitrusfrüchte an der Spitze, die transparenten Kräuter in der Mitte, das lüsterne Moschus in der Basis und den alles überspannenden Zibet erkennen – aber die Wirkung ist unmöglich in Worte zu fassen. Es genügt zu sagen: Kouros ist ein Alphamännchen mit Brustbehaarung, mit dem Sie sich wirklich nicht auf einen Kampf einlassen wollen. Ein vollkommen einzigartiges Werk.

» Mainstream: unisex

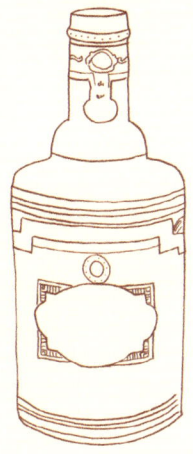

Mainstream: unisex

Geschlechtsspezifische Düfte etablierten sich in den 1930er-Jahren, doch in den 90ern kamen Unisex-Düfte wieder schwer in Mode. Inzwischen haben viele der großen Parfumhersteller neben ihren männlichen und weiblichen Düften auch Unisex-Parfums im Angebot.

4711

Glockengasse 4, Köln, Deutschland

+49 221 270 99 910, www.4711.com

Nach einer Kölner Adresse benannt, blickt diese traditionelle Marke auf eine Geschichte bis ins 18. Jahrhundert zurück. Nachdem das Haus in den 90er-Jahren zu Wella und Procter & Gamble gehörte, steht es seit 2006 unter der Fahne von Mäurer & Wirtz.

» **4711 Echt Kölnisch Wasser (frisch)**

Der Begriff Eau de Cologne beschreibt inzwischen eine ganze Kategorie von Parfums (siehe Glossar), doch in den 1790er-Jahren war es schlicht der Name dieses einen Dufts. 1881 war der damalige Besitzer, Ferdinand Mühlens, gezwungen, den Namen in 4711 zu ändern. Von da an etablierte sich die Marke als einer der bekanntesten Düfte aller Zeiten. Auch wenn sich heute unzählige Eau de Colognes in den

Regalen finden, vermittelt 4711 mit seiner Mischung aus Zitrus, Gewürzen und Hölzern ein Wohlgefühl, wie es kaum ein anderes Parfum schafft. Wie die Umarmung eines verlässlichen Menschen.

Acqua di Parma

Via G. Ripamonti 99, Mailand, Italien

+39 02 55 22 881, www.acquadiparma.it

Auch wenn das originale Colonia von AdP ursprünglich bereits 1916 kreiert wurde, besteht die heutige Marke erst seit ihrem Revival 1993. Seit 2001 gehört sie zu LVMH.

» Colonia Assoluta (frisch)

Jeder Versuch, ein traditionelles Cologne lang anhaltend zu machen, widerspricht der Kerneigenschaft dieses Genres – ein Lächeln auf die Lippen seines Trägers zu zaubern; schwere, zähe Zutaten neigen dazu, die Fröhlichkeit der Zitrusnoten zu mindern. Colonia Assoluta versucht den Kompromiss: Seine vordergründigen Noten sind vielleicht nicht so lebhaft wie die anderer Colognes, doch es erweitert seine Intensität durch einen Akkord von Lavendel, Moschus und frischen Hölzern. Dieses Parfum ist so dezent wie Hintergrundmusik – hin und wieder nimmt man sie wahr, weil man sich an eine Melodie erinnert fühlt.

Calvin Klein

654 Madison Avenue, New York, USA

+1 212 292 9000, www.calvinkleinfragrances.com

Der amerikanische Designer präsentierte seinen ersten Duft, Calvin, im Jahr 1980. Daraufhin feierte er große

» Wer macht Parfum?

Natürlich ist es der Parfümeur, der den Duft komponiert und die Formel des Parfums festhält. Dennoch ist es nicht immer einfach, den *Autor* eines Duftes auszumachen.

Oftmals kommt die erste Idee für ein neues Parfum (zum Beispiel „Der Duft eines Jasminstrauchs, der neben einem Hindu-Tempel blüht") aus der Kreativabteilung einer Firma. Dann erst wird ein Parfümeur beauftragt, die Idee in die Realität umzusetzen. Verfügt die Marke über einen erfahrenen Kreativdirektor, wird er sicherstellen, dass sämtliche Düfte einem bestimmten ästhetischen Konzept folgen.

Der Parfümeur arbeitet anschließend an ersten Entwürfen. Es ist durchaus möglich, dass die bevorzugte Version des Parfümeurs am Ende zugunsten des Favoriten der Geschäftsführung weichen muss. Womöglich hat das Endprodukt sogar keinerlei Ähnlichkeit mit der ursprünglichen Vision des Parfümeurs.

Bei kleinen Marken sind die Parfümeure in der Regel freier darin, ihre eigenen Vorstellungen von Düften zu verfolgen.

Erfolge mit Obsession und Eternity. Die Marke wird derzeit von Coty produziert.

» CK One (frisch)

Das durch seine Werbekampagne bekannt gewordene, einflussreiche Werk von Alberto Morillas und Harry Fremont vereint stechende synthetische Zitrusnoten mit einer harmlosen Basis von Moschus und präsentiert so eine Interpretation vom Parfum als schwer fassbarer und absolut zuverlässiger Hautreiniger. CK One und Muglers Angel prägten die Gerüche der 90er-Jahre.

Cartier

siehe Seite 49

» L'Heure Fougueuse (Chypre)

Bei der Präsentation von Fougueuse (deutsch: feurig, heftig) hieß es, das Parfum habe einen *Pferdemähnen-Akkord*, wie es Mathilde Laurent nannte. Doch man sollte seine Zeit nicht damit verbringen, den Duft von Stall und Heu zu suchen, und dabei vergessen, sich an den anderen Facetten dieses Parfums zu erfreuen. Cartier ist hier ein waschechtes Original gelungen. Die visionäre Mischung aus Teenoten, Heu, Blüten und der Süße von Vanille, die Laurent präsentiert, ist unergründlich und unvergesslich zugleich. Als träfe man einen Fremden und wäre sogleich vollkommen hingerissen von seinem Charme, weil man das Gefühl hat, sich schon immer zu kennen.

Chanel

siehe Seite 30

» **Bel Respiro (frisch)**

Wenigen Düften gelingt es, einen einzigen Moment mit einer solchen Klarheit einzufangen. Man wähnt sich im Garten einer Mittelmeervilla, auf der Spitze eines Berges. Die Seeluft mischt sich mit dem scharfen Geruch von geschnittenem Gras und weht einem sanft durchs Haar. Sonnenstrahlen streicheln über die Haut, von hinten weht der Hauch von blühenden Bäumen und Rosen. Man atmet tief ein, lächelt, und eine sanfte Stimme scheint einem ins Ohr zu flüstern: Du hast nichts zu verstecken und kannst dich auf alles freuen.

» **Coromandel (orientalisch)**

Patschuli und Schokolade haben gewisse olfaktorische Gemeinsamkeiten, das ist kein Geheimnis. Doch beim Versuch der Parfümeure, einen tragbaren Duft von Schokolade zu kreieren, tritt oftmals ein zu grober Patschuli-Geruch hervor. Christopher Sheldrake und Jacques Polge ist es gelungen, dieses Dilemma zu lösen. Mit einer großen Bandbreite von Aromen, wahrscheinlich Weihrauch und ganzen Eimern Zitrusöl, ist ihnen der wohl wärmste Patschuli-Duft der Parfumwelt gelungen. Eine der (wenigen?) Freuden des Winters ist es, sich in warme, dicke Decken zu hüllen. Coromandel versteht und interpretiert dieses Gefühl nur allzu gut.

» Cuir de Russie (ledrig)

Le Snob TIPP Der Holzteer einer Birke wurde niemals so wunderbar eingerahmt: Vom sinnlichen Ylang-Ylang-Geruch bis zum warmen, verlässlichen Holzaroma passt alles perfekt. Die besten Eigenschaften des herrlichen Grundstoffes wurden glänzend herausgearbeitet. Einige ledrige Düfte erinnern an eine Gerberei, den Geruch einer Geldbörse oder Handtasche. Doch Cuir de Russie geht einen Schritt weiter: Es erweckt den Anschein, man habe soeben ein Paar exklusive Handschuhe angezogen, so genäht, dass sie sich jeder einzelnen Kontur Ihrer Hand anpassen. Selten war ein Duft so intim.

Christian Dior

siehe Seite 32

» Leather Oud (ledrig)

Wie man schon an seinem Namen erahnen kann, fackelt dieser feurige Duft nicht lange: Zedernholz und Zypriol (ein rauchiger Stoff, der aus Papyrus gewonnen wird) bilden die Basis dieser glühenden Struktur. Mit Gewürznelken, Leder, strengen animalischen Noten, Agar und bitteren Gewürzen gleicht das Parfum einer Hitzewelle, die die Sahara blass aussehen ließe. Und trotz seiner fast überwältigenden Stärke gelingt es diesem Duft, Eleganz und Kultiviertheit zu verbreiten. François Demachy, dem derzeitigen

›› Die Auswahl eines persönlichen Duftes

065

Ein persönlicher Duft (*signature scent*) ist das Parfum, das man Tag für Tag, von morgens bis abends über Jahre trägt. So wird es zum eigenen Markenzeichen, zur persönlichen Note. Wenn Sie einen persönlichen Duft suchen, beginnen Sie damit, Proben zu sammeln. Tragen Sie die Proben Tag und Nacht und achten Sie auf die Reaktionen ihrer Lieben und Mitmenschen. Welche Kommentare gibt es, was für Komplimente? Fragen Fremde nach Ihrem Parfum? Gefällt Ihnen der Geruch auch am nächsten Tag noch an Ihrer Kleidung? Seien Sie geduldig und warten Sie alle Phasen des Parfums ab.

Ob Sie die Ratschläge anderer Personen mit in Ihre Wahl einbeziehen, hängt von Ihrer Persönlichkeit ab: Sind Sie selbstbewusst genug, Ihre Entscheidungen allein zu treffen, oder wollen Sie anderen um sich herum gefallen? Sobald Sie von überall Komplimente erhalten, man Sie nach dem Namen Ihres Parfums fragt und Sie sich selbst beim Tragen wohlfühlen, habe Sie es geschafft und Ihren persönlichen Duft gefunden.

Parfümeur, schlägt nicht selten Skepsis entgegen ob der Art und Weise, wie er die Dior-Düfte gestaltet. Doch man kann ihm so manch seltsame Entscheidung getrost verzeihen, wenn er weiter Düfte solchen Kalibers kreiert.

» Eau Noire (Fougère)

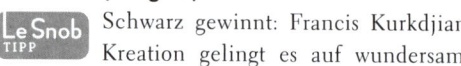 Schwarz gewinnt: Francis Kurkdjians Kreation gelingt es auf wundersame Weise, alles um sie herum zu verdunkeln. Natürlich mit rabenschwarzen Noten aus Lakritz und Kaffee, doch auch die Düfte von Lavendel, Bockshornklee, Thymian und eine Prise Zucker sind wie tanzende Schatten, die im Schein eines warmen Kaminfeuers flackern. Undurchdringlich und hypnotisierend – und erstaunlicherweise von grüner Farbe.

Maiglöckchen adé

In letzter Zeit wird es immer schwieriger, ein gutes Maiglöckchen-Parfum zu finden. Der Grund: Die Nutzung des hauptsächlich chemisch erzeugten Hydroxycitronellal, das den Duft der Blumen nachempfindet, ist durch Allergiebestimmungen stark eingeschränkt. Ebenso verhält es sich mit Eugenol, das für Nelken-Parfums verwendet wird.

Clarins

www.clarins.co.uk

Diese globale Marke, 1954 von Jacques Courtin-Clarins gegründet, ist hauptsächlich für ihre Pflegeprodukte bekannt. Über die Jahre brachte sie auch einige Parfums hervor und hält außerdem die Lizenzen für die Düfte von Azzaro und Thierry Mugler.

» **Eau Dynamisante (frisch)**
Wenn Cristalle von Chanel ein Chypre-Duft ist, der von einer Zitrusnote angehoben wird, ist ED das genaue Gegenstück: ein pikanter Duft, bereichert durch eine Chypre-Basis. Experten sollen entscheiden, ob es wirklich so pflegend wirkt, wie Clarins behauptet. Als Duft jedoch gelingt die Mischung aus Bitterkräutern, makellosen Hölzern und Früchten auf einer moosigen Grundlage ganz ausgezeichnet. Wie ein höflicher Besucher verweilt er nie länger als gewünscht.

067

Guerlain

siehe Seite 37

» **Aqua Allegoria Herba Fresca (frisch)**
Guerlains Aqua-Allegoria-Reihe ist simpler und weniger speziell als die Hauptkollektion, doch einige Düfte sind es wert, sie auszuprobieren. Unser Beispiel zeichnet sich durch ausgezeichnete Frische aus. Minze in einem

Parfum zu verwenden ist nicht einfach, es erinnert die Menschen an Zahnpasta und billige Duschgels. Doch HF vermeidet diese Falle mit einem Hintergrundduft von geschnittenem Gras, weichen Blüten und leichter Süße. Ungewöhnlich und unterschätzt: Dieses Parfum ist all den anderen schweren Zitrus-Imitaten weit voraus.

» Iris Ganache (orientalisch)

In einer seiner besten Kreationen für Guerlain präsentiert Thierry Wasser die herzzerreißende Schönheit des Dufts von Iris in Kombination mit kontrastreichen Noten von Pâtisserie. Das Resultat ist der unverwechselbare Nachfolger von Après l'Ondée: Eine weinende Heldin auf dem Weg zu einem Gelage in einer Luxusbäckerei. Doch hat sie Grund zum Feiern oder versinkt sie in Selbstmitleid? Die bewundernswerte Balance im Drydown zwischen Süße und Trockenheit legt den Gedanken nahe, dass das endgültige Glück noch einige Taschentücher entfernt ist.

» Rose Barbare (Chypre)

Francis Kurkdjians Grundgedanke bei der Kreation von RB war die Tatsache, dass seine Mutter immer Mitsouko trug, und dass Rosenduft bis dato nie ein Teil von Guerlains Parfums gewesen war. Das Ergebnis ist ein modernes Chypre mit sauberer Patschulibasis, einer Pfirsichnote und einer blumigen Mitte. Neben den Blüten wurden auch die Essenzen von Stamm, Blättern und Dornen aufgenommen, um den bestmöglichen Eindruck von Rosen auf der Haut zu erwecken. Keineswegs barbarisch, sondern eine selbstsichere, geschmackvolle Hommage an die Vergangenheit und einer von Guerlains besten Düften des 21. Jahrhunderts.

Hermès

siehe Seite 54

» **Eau d'Hermès (Fougère)**

Da viele der klassischen Dior-Düfte inzwischen überarbeitet wurden, ist dies ein wunderbares Beispiel für Edmond Roudnitskas Handschrift: ein seltsames, unwiderstehliches Aroma von Gemüse, das sich in vielen seiner Parfums findet. Um diese Basis herum formt sich ein sehr reifes Parfum (schwere Lavendel- und Zitrusnoten) mit auffällig animalischer Wucht. Kein einfach zu tragender Duft, der heutzutage wohl am besten zu jemandem mit exzentrischem Kleidergeschmack und einem guten Sinn für Ironie passt.

069

» **Un Jardin après la Mousson (holzig)**

Ellenas Arbeit für Hermès war zunächst nicht unbedingt von Qualität gezeichnet, weshalb Mousson eine so vielversprechende Wende bedeutete. Pfeffer, frisch geschlagenes Holz, Wassernoten, Tomatenblätter, grüne Ranken und – über allem – Bockshornklee und Ingwer vereinen sich zu einem komplexen und gleichzeitig transparenten Gesamtkunstwerk. Wer schon einmal im Regen von Mumbai stand, wird den Namen nicht mögen, doch darauf kommt es nicht an: Mousson ist ein fesseln-

der, reicher und schwer einzuordnender Duft – ganz so wie das Land, das ihn inspiriert hat.

» **Rose Ikebana (blumig)**

Jean-Claude Ellena glaubt, Phenylethyl (ein Hauptstoff im Rosenduft) könne den Duft von Sake imitieren. Der erste Eindruck erinnert dann tatsächlich ein wenig an Schnaps, wird jedoch bald von all den anderen Komponenten eingeholt: süße Kirschblüten, ein erdiger Hauch von grünem Tee und sogar der feine Dunst von Papier. Nach dem ersten beschwipsten Eindruck erweckt dieser Duft das perfekte Bild einer Zen-Rose.

Thierry Mugler
siehe Seite 45

» **Cologne (frisch)**

Nichts ist jemals wie es scheint auf dem Planeten Mugler. Sobald man Cologne riecht, ruft ein Teil des Gehirns „Zitrone!", doch ein anderer sieht gelben Dampf. Ein Teil denkt „Rosmarin!", ein anderer sieht einen Ozean von flüssigem Gras. Eine leise Stimme sagt „traditionell!", doch man fühlt sich um Lichtjahre in die Zukunft entführt. Alberto Morillas' innovatives Werk mischt die traditionellen, vertrauten Elemente eines Eau de Cologne mit einer neuen Vision, mit einem zugänglichen und einprägsamen Ergebnis. Ein bescheidenes Meisterwerk. Trotz des Namens handelt es sich übrigens um ein Eau-de-Toilette-Konzentrat.

» Nische: feminin

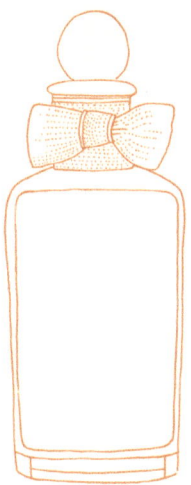

Nische: feminin

Obwohl Geschlechterzuschreibungen gewöhnlich nicht auf den Nischenmarkt anwendbar sind, zeigen die folgenden Parfums eher weibliche Charakteristika.

Amouage

14 Lowndes Street, London, UK

+44 20 30 31 98 74, www.amouage.com

Diese 1983 von der omanischen Königsfamilie gegründete Marke hat sich auf kompromisslose Kompositionen spezialisiert, die häufig eine charakteristische Weihrauchnote betonen. Obwohl die Kreationen auf der Arabischen Halbinsel verwurzelt sind, ziehen sie ihre Inspiration aus allen Ecken der Welt. Für die kreative Leitung ist Christopher Chong verantwortlich.

» **Gold Woman (blumig)**
Diese Kreation von Guy Robert beginnt mit den Aldehyden, genau wie ihr männlicher Gegenpart (siehe S. 90). Doch dann geht es in eine ganz andere Richtung. Der Duft lässt die Holz- und Scheunennoten beiseite, um sich auf die blumigen zu konzentrieren. Und konzentriert ist er tatsächlich: Jasmin, Rose, Hyazinthe, Lilie und Mimose wirken in perfekter Harmonie zusammen und umgeben die Trägerin wie eine duftende zweite Haut, bevor es luxuriös und seifig ausklingt. Wenn Ihnen ein opernhafteres N° 5 gefallen würde, müssen Sie Gold Woman probieren. Testen Sie unbedingt die Konzentration des Parfums.

Annick Goutal

14 Rue de Castiglione, Paris, Frankreich

+33 1 42 60 52 82, www.annickgoutal.com

Annick Goutal gründete ihre Linie 1981, nachdem sie sich gegen eine Karriere als Musikerin oder Model entschieden hatte. Sie hielt sich stets an die sanfte und elegante französische Ästhetik und entwarf mehr als zwanzig Parfums, bevor sie 1999 verstarb. Heute komponieren ihre Tochter Camille und die renommierte Nase Isabelle Doyen die Düfte für das Unternehmen. Die Marke gehört derzeit zur koreanischen Gruppe Amore Pacific.

» **Songes (blumig-orientalisch)**

Inspiriert durch eine Reise nach Mauritius, kreierten Camille Goutal und Isabelle Doyen dieses Juwel eines Dufts, in dem die Hauptzutaten (Ylang-Ylang, Jasmin und Vanille) erkennbar bleiben, ohne aufdringlich zu sein. Sein Name (der grob als Tagtraum übersetzt werden kann) passt perfekt: In der Struktur liegt eine gewisse schmerzliche, ruhelose Zartheit, als würde der Duft, fasste man ihn zu hart an oder untersuchte ihn zu genau, für immer ins Nichts verschwinden. Und doch wird diese Zartheit durch eine lobenswerte Beharrlichkeit aufgewogen.

L'Artisan Parfumeur

2 Rue de l'Amiral de Coligny, Paris, Frankreich

+33 1 44 88 27 50, www.artisanparfumeur.com

L'Artisan wurde 1976 vom inzwischen verstorbenen Jean Laporte gegründet und gilt gemeinhin als erste echte Nischenmarke. Im Laufe der Jahrzehnte haben einige der wichtigsten Namen der Parfumwelt Düfte für das Unternehmen kreiert, darunter Jean-Claude Ellena, Bertrand Duchaufour und Olivia Giacobetti.

» **Safran Troublant (orientalisch)**

Seit dem phänomenalen Erfolg von Muglers Angel (siehe S. 45) sind Gourmand-Parfums unangenehm allgegenwärtig, noch dazu vorhersehbar und langweilig. Olivia Giacobettis Safran Troublant fügt dem etwas Neues hinzu, das als „Östliches Gourmand" bezeichnet werden könnte. Als Inspiration dienten indische oder persische Desserts, die Safran mit anderen Gewürzen (vor allem Zimt und Kardamom), Milch und Rosenwasser kombinieren. Vom geschmeidigen, cremigen Ergebnis kann man kaum genug bekommen – nie haben Kalorien so köstlich gerochen.

» **Traversée du Bosphore (orientalisch)**

Es wäre albern sich zu beklagen, dass TdB nicht wirklich nach Istanbul riecht, denn es gehört zu den inspiriertesten Kreationen der letzten Jahre. Duchaufour nimmt die Tulpen, Äpfel und Lederartikel der Stadt und kombiniert sie mit zermahlener Iris und einem Tropfen Rosenwasser. Dann berieselt er alles mit einem Hauch Puderzucker – à la *Turkish Delight*. Das Resultat liegt genau zwischen orientalischer Süße und den eher blumigen Noten des Okzidents. Man

Weise Worte

Jo Fairley, Mitgründerin,
Beauty Bible, UK

» Verschiedene Hauttypen

Das Schöne an Düften ist, dass sie je nach Träger anders riechen. Die persönliche Körperchemie bestimmt, wie sich ein Duft entwickelt: Hormonelle Veränderungen, Medikamente und die Ernährung können sich darauf auswirken.

Relevant ist auch, ob Sie eher trockene oder ölige Haut haben: Bei Menschen mit trockenerer Haut verfliegt ein Parfum oft viel schneller. Ein Duft braucht Öl, um sich festzuhalten. Damit das Parfum länger hält, sollten Sie es auf Feuchtigkeitscreme auftragen – nicht unbedingt die dazu passende Version, sondern eine geruchlose Lotion.

Mein Ratschlag für die Auswahl eines Parfums ist, am Vorabend auf stark gewürzte Speisen zu verzichten. Waschen Sie sich morgens nur mit Wasser und Seife und tragen Sie reichlich Feuchtigkeitscreme ohne Duftstoffe auf. Wählen Sie nie ein Parfum, ohne zu wissen, wie es mit Ihrer persönlichen Körperchemie zusammenwirkt. Und lassen Sie ihm ein paar Stunden Zeit. Denn was Sie anfangs riechen ist nicht das, womit Sie leben werden ...

fragt sich, ob es überhaupt je wie Istanbul riechen sollte. Vielleicht wollte Duchaufour von Anfang an das Konzept der Grenze zwischen Europa und Asien zum Ausdruck bringen.

Editions de Parfums Frédéric Malle

37 Rue de Grenelle, Paris, Frankreich

+33 1 42 22 76 40, www.fredericmalle.com

Ein französisches Parfumhaus der obersten Kategorie. Nach dem Vorbild eines libertären Verlegers räumt Malle den besten Nasen der Welt beneidenswerte kreative Freiheiten ein. Die Anerkennung für ihre Arbeiten gibt er voll an sie weiter, indem er ihre Namen auf die minimalistischen Flaschen druckt. Jeder einzelne dieser Düfte ist so kultiviert wie ausgefeilt und verdient es, genauer betrachtet zu werden.

» **Carnal Flower (blumig)**

Le Snob TIPP Während die anderen großen Tuberose-Parfums die Blume in kunstvolle, ihrer Pracht würdige Kostüme kleiden, präsentiert Dominique Ropion sie nackt. Von dem Augenblick an, in dem man den Duft versprüht, entfaltet sich die Tuberose wie ein biochemisches Hologramm. Man sieht das Grün des Stiels. Man schmeckt den Tau auf den Blättern. Fast kann man die Struktur der Blütenblätter ertasten. Manche Hotels in Indien begrüßen ihre Gäste mit Girlanden aus Tuberosen. Sollten ihnen einmal die Blumen ausgehen, könnten sie die Leute einfach mit CF besprühen: Keiner würde den Unterschied bemerken. Und selbst wenn, würden sie Ropion wahrscheinlich Mutter Natur vorziehen.

» En Passant (blumig)

In Zeiten, in denen es kaum überzeugende Maiglöckchen-Parfums gibt, ist Olivia Giacobettis En Passant ein echter Schatz. Offiziell gilt es als Weißer-Flieder-Duft – und das ist unbestritten –, aber hier gibt es viel mehr zu genießen als nur eine einzige Blume. Eine Spur von Grün gleicht die Süße aus. Heliotrop sorgt mit mandelartiger Bitterkeit für Gewicht. Räucherwerk bringt Transparenz. Und der Aspekt von Maiglöcken legt einen Schleier nostalgischer Verzauberung darüber. Ein prächtiges Liebesgedicht an alles Vergängliche.

» Une Fleur de Cassie (blumig)

Ropions Fleur de Cassie wirkt jedesmal anders, selbst wenn man dieselbe Person damit besprüht. Diese hochkomplexe Kreation kombiniert blumige Noten (*cassie* bzw. Süße Akazie, Mimose und Jasmin) mit dunklen Hölzern, Kräutern, animalischen Noten und Facetten von Anis. Der Gesamteindruck ist schwer zu

---

EINZIGARTIG » EXKLUSIV » ULTIMATIV Snob

Iris Gris Diese schmerzlich vermisste Kreation von Jacques Fath aus dem Jahre 1947 ist für viele Liebhaber der Heilige Gral. Es gilt gemeinhin als das Iris-Parfum *par excellence*. Im Internet wird es manchmal in winzigen Mengen verkauft, zu Preisen von bis zu 150 Euro pro Milliliter.

fassen, doch Malles angenehm prosaische Webseite hilft mit der Behauptung, man müsse UFdC wie eine Nachricht aus der Vergangenheit lesen. Ähnlich wie Après l'Ondée spricht dieser Duft eine Sprache, die ein wenig in Vergessenheit geraten ist. Doch auch wenn Details in der Übersetzung verloren gegangen sind, wirkt die Schönheit dieses Dufts auch noch im 21. Jahrhundert.

Etat Libre d'Orange

69 Rue des Archives, Paris, Frankreich

+33 1 42 78 30 09, www.etatlibredorange.com

In Etienne de Swardts Parfümerie sind dem Spaß keine Grenzen gesetzt. ELdO wurde 2006 gegründet, um das Motto *Le parfum est mort, vive le perfum* umzusetzen. Die Marke verknüpft provokante Namen (Fat Electrician; Don't Get Me Wrong Baby, I Don't Swallow) mit knalligen Bildern und originellen Geruchskombinationen (Räucherwerk und Kaugummi; Jasmin und Zigaretten).

» Like This (blumig)

Promidüfte werden von echten Parfumliebhabern oft verachtet, aber Tilda Swinton ist kein gewöhnlicher Promi, und ihre Kollaboration mit ELdO eindeutig kein gewöhnlicher Duft. Benannt nach einem Gedicht von Rumi, dem persischen Dichter aus dem 13. Jahrhundert, und von der Haarfarbe der Schauspielerin inspiriert, verbindet Mathilde Bijaouis

Komposition eine Reihe *oranger* Noten – Mandarine, Karotte, Kürbis, Neroli, Immortelle (Italienische Strohblume) – mit quirligem Ingwer und Moschus. Die Kreation ist so unverwechselbar wie Swinton selbst.

Histoires de Parfums

66 Rue des Lombards, Paris, Frankreich

+33 1 40 13 87 57, www.histoiresdeparfums.com

HdP wurde im Jahr 2000 von Gérald Ghislain gegründet, einem Absolventen des ISIPCA (*Institut Supérieur International du Parfum, de la Cosmétique et de l'Aromatique alimentaire*: eine Graduiertenschule für Parfum, Kosmetik und Geschmacksstoffe), und lässt sich von wichtigen Figuren der französischen Kunst und Geschichte inspirieren. Viele der Parfums sind nach bedeutenden Daten oder Orten benannt.

» **Tubéreuse 3 Animale (ledrig)**
Parfums können genauso verstörend wie packend sein, und Tubéreuse 3 ist dafür ein gutes Beispiel. Hier wirkt die weiße Blume – in Verbindung mit Nelke, Honig, Zibet, vergärtem Obst und rauchigem Tabak – besonders grotesk, und doch lässt ihre Faszination nie nach. Wenn die Tuberose ein Tier ist, dann eine Giftschlange: selbstsicher, tödlich und hypnotisierend. Sie bewegt sich mit dem Ausdruck schläfriger Dekadenz, in ihrem eigenen trägen Tempo, während sich alles um sie herum panisch in Sicherheit bringt.

» Wie man Parfümeur wird

Eine qualifizierte Nase zu werden kann langwierig
und mühsam sein. Wer sich zum professionellen Parfümeur ausbilden lassen will, muss oft schon einen
Hintergrund als Chemiker nachweisen.

Angehende Parfümeure verbringen mindestens fünf
Jahre damit, die Geruchsprofile hunderter Rohmaterialien in verschiedenen Konzentrationen auswendig
zu lernen. Sie vergleichen nicht-verwandte Zutaten
(zum Beispiel Grapefruit und Patschuli) und lernen,
zwischen Substanzen derselben Familie zu unterscheiden (Mandarine und Orange). Schließlich
lernen sie, die Eigenschaften von gleichen Stoffen zu
erforschen, die aber weltweit unter unterschiedlichen
Bedingungen produziert werden. Außerdem müssen
sie die bahnbrechenden Kreationen der Parfümerie-
geschichte analysieren und versuchen, sie selbstständig nachzuahmen. Es kann viele Jahre dauern, bis sie
endlich ein eigenes Rezept zusammenstellen dürfen.

Die meisten dieser Kurse werden von Parfümerien
angeboten, die darin eine Art innerbetriebliche Ausbildung zukünftiger Mitarbeiter sehen.

Lubin

21 Rue des Cannettes, Paris, Frankreich

+33 1 43 29 52 42, www.lubin-parfum.fr

Obwohl die Geschichte dieses Unternehmens bis ins Jahr 1798 zurückgeht, ist seine heutige Erscheinung relativ jung. Unter dem Besitzer Gilles Thévenin kreiert die Firma ganz neue Parfums und legt zugleich moderne Versionen von Klassikern wie Gin Fizz neu auf.

» Idole (holzig-orientalisch)

Es ist unschwer zu erkennen, dass Giacobetti sich für diesen Duft von den Handelsreisen zu den alten Zivilisationen der Welt inspirieren ließ: Rum, Safran, Zucker, Holz und Nelken stehen im Vordergrund. Doch da ist noch eine andere Kraft am Werk, für die vielleicht der Einsatz von Weihrauch verantwortlich ist. Er bringt Ruhe in die Komposition, lässt sie tiefer und ursprünglicher erscheinen und macht sie so zu einer der faszinierendsten Beschwörungen der Vergangenheit.

Molinard

60 Boulevard Victor Hugo, Grasse, Frankreich

+33 4 92 42 33 28, www.molinard.com

Molinard wurde 1849 in Grasse gegründet und gehört zu den ältesten Familienbetrieben Frankreichs. Bekannt ist die Marke vor allem für Habanita, doch daneben gibt es Neuauflagen von Klassikern des 20. Jahrhunderts, wie Îles d'Or und M de Molinard.

» Habanita (orientalisch)

Habanita wurde 1921 als Füllstoff zum Parfümieren von Damentabak konzipiert (auch wenn die Damen rauchen durften, sollten sie doch nicht wie verrohte Kerle riechen!). Es ist eine üppige Mischung aus Vetiver, Vanille, Leder und Tabak, die von einer Zitronennote zum Leuchten gebracht wird. Die erste halbe Stunde wirkt es viel zu kuschelig für einen Duft, der einen Akt der Rebellion begleiten sollte. Aber wenn man lange genug sucht, findet man diese Angriffslust. Sie ist da, jederzeit bereit, die Unabhängigkeit gegen die Unterdrückung zu verteidigen.

Nicolaï

28 Rue de Richelieu, Paris, Frankreich

+33 1 44 55 02 00, www.pnicolai.com

Patricia de Nicolaï hat Parfum im Blut: Sie ist die Urenkelin von Pierre Guerlain und die Nichte von Jean-Paul Guerlain. Sie war 1988 die erste Frau, die mit dem Internationalen Preis der französischen Gesellschaft der Parfümeure ausgezeichnet wurde.

» **Maharanih Intense (holzig-orientalisch)**
Im Laufe der Jahre gab es zahllose Düfte, die von Indien inspiriert waren, doch die meisten verlieren

Parfum-Etymologie

Der Begriff Eau de Toilette geht auf eine Jahrhunderte alte Methode zum Parfümieren eines Tuchs zurück (*toile*), mit dem man dann den Duft auf den Körper übertragen konnte. Eau de Cologne ist nach der Stadt Köln benannt, in der sich diese Gattung der Parfümerie zuerst entwickelte.

sich in einem allzu typischen Gemisch von Gewürzen. Maharanih lässt das Thema in neuem Licht erstrahlen, indem es eine kühle, scharfe Orangennote mit noch kühlerem Weihrauch kombiniert und das Ganze dann durch einen opulenten Akkord von Rose und Holz erwärmt. Es zu tragen fühlt sich an, als würde man im Shiv-Niwas-Palast von Udaipur Fruchtlikör trinken und sich ansehen, wie das Licht auf den vielfarbig bemalten Bögen und Nischen spielt. Köstlich.

Ormonde Jayne

192 Pavilion Road, Sloane Square, London, UK

+44 20 77 30 13 81, www.ormondejayne.com

Linda Pilkington ist die Gründerin und Inhaberin dieses Geschäfts – und die Schönen von London tragen seit 2002 ihre Parfums. Wer ihren Flagshipstore am Sloane Square betritt, wird dazu ermuntert, den *Parfum-Portrait-Service* zu nutzen. Dabei wird ermittelt, wie eine Person auf bestimmte Zutaten reagiert, um so das am besten passende Parfum zu finden.

» **Ormonde Woman (holzig)**

Im Kern dieses betörenden Dufts liegt eine würzige, tiefschwarze Bitterkeit. Dafür könnte die Schierlingstanne verantwortlich sein, vielleicht auch die Kombination von Zeder, Jasmin und Koriander. Egal woran es liegt, OW ist einer der rätselhaftesten femininen Düfte, die je an der Themse entstanden sind. Wenn sein dunkles Lippenstift-Lächeln aufblitzt, glaubt man nicht, dass er beißt – aber sicher kann man sich nicht sein. Auch Ormonde Man sollte man probieren. Es weist denselben Schierling-Akkord auf, jedoch vor einem subtileren, holzigeren Hintergrund.

Penhaligon's

41 Wellington Street, Convent Garden, London, UK

+44 20 78 36 21 50, www.penhaligons.com

Seit mehr als 140 Jahren gilt Penhaligon's als Synonym für einen englischen Stil der Parfümerie, der von der Liebe für alles Viktorianische und Erinnerungen an frühere Zeiten geprägt ist. Viele der jüngsten Veröffentlichungen stammen von Bertrand Duchaufour, der dem Haus neue Gebiete erschlossen hat.

» ### Amaranthine (orientalisch)

Le Snob TIPP Manche glauben, der Duft einer Blume sei kurz vor dem Verwelken am besten, als hätte sie Kraft für eine letzte prächtige Vorstellung gesammelt. Dieses Gefühl des baldigen Zerfalls durchströmt Bertrand Duchaufours außergewöhnliches Amaranthine. Er vermischt darin *weiße* Noten (Ylang-Ylang, Freesien und sogar Kondensmilch), um einen markanten, samtigen orientalischen Duft zu erhalten. Manchem mag es schräg vorkommen – der Einsatz von Bananenblättern wirkt gewagt –, aber es ist sicher das eindrucksvollste Parfum, das Penhaligon's derzeit anbietet.

Piguet

www.robertpiguetparfums.com

Ursprünglich entstanden die Düfte unter der Ägide des berühmten Haute-Couture-Designers Robert Piguet. Die heutigen Versionen seiner fast schon legendären Düfte der 1940er-Jahre werden von Fashion Fragrances & Cosmetics Ltd. produziert.

» **Fracas (blumig)**

Le Snob TIPP   Diese moderne Neugestaltung mag nicht jedem gefallen, der mit Germaine Celliers Meisterwerk von 1947 vertraut ist. Doch sieht man von historischer Genauigkeit ab, ist es ein Tuberose-Parfum, das seinesgleichen sucht. Seine Angriffslust, die wohl von den heftigen grünen Noten oder den getrockneten Hölzer kommt, ist besonders markant. Was immer die Ursache sein mag, es erweitert die Tuberose, vergrößert sie und erhebt sie in den Status einer Diva. Mr. De Mille, Fracas wäre jetzt für die Nahaufnahme bereit.

Roja Parfums

Harrods, Knightsbridge, London, UK

+44 20 78 93 83 33, www.rojadove.com

Der unverwüstliche Roja Dove ist eine der prominentesten Figuren der Parfumindustrie. Seine Arbeiten spiegeln sein enzyklopädisches Wissen der Parfumgeschichte und seine Bewunderung klassischer Düfte wider. Sollten Sie einmal die Gelegenheit haben, eine seiner Vorlesungen zu hören, lassen Sie es sich nicht entgehen.

» Scandal (blumig)

Irgendwo am Kreuzungspunkt von Fracas, Poison und Paris wartete ein neues Parfum auf seine Entstehung. Dove hat die Gelegenheit genutzt und diesen kühnen Duft entworfen. Nach einer lippenstiftroten Eröffnnung geht es in einen seidigen Mittelteil über, in dem Rosen und weiße Blumen (vor allem Tuberose) die Art zugeknöpften Chic vermitteln, den es nur noch selten gibt, seit Denim zum Stoff der westlichen Welt wurde. Scandal ist viel höflicher, als der Name vermuten lässt, aber das gilt ja auch für viele skandalöse Menschen.

Serge Lutens

142 Galerie de Valois, Paris, Frankreich

+33 1 49 27 09 09, www.sergelutens.com

Lutens eröffnete seine Pariser Parfümerie 1992 in Kollaboration mit Shiseido. Seitdem ist sein Unternehmen in der Welt der Nischenparfums zu einem der meistverehrten Produzenten von dichten, kräftigen Düften mit orientalischem Twist geworden. Seinen wunderschönen Flagshipstore am Palais Royal in Paris muss jeder Liebhaber gesehen haben.

» Féminité du Bois (holzig)

FdB ist nach wie vor ein geniales Stück Arbeit. Es markiert den Punkt, an dem feminine Düfte die holzigen Noten für sich zurückeroberten. Anfangs scheint es kaum mehr als ein teures Weihnachts-Potpourri zu sein (es enthält reichlich Nelken, Muskat und Zimt), aber die dunklen Eichenhölzer und eine Veilchennote heben es in die oberen Ränge der Parfümerie.

Tauer Perfumes

www.tauerperfumes.com

Der Schweizer Parfümeur Andy Tauer ist Autodidakt und brachte 2005 seinen ersten Duft heraus, Le Maroc pour Elle. Heute bietet er mehr als zehn Parfums an und wird in der Nischenwelt sehr verehrt. 2011 wurde ihm für Orange Star ein FiFi-Award verliehen.

» Une Rose Chyprée (blumig)

Tauer liebt Rosen und klassische Düfte gleichermaßen. Das erklärt, warum Rose Chyprée so überzeugen kann. Es ist ein feiner, salbiger, zäher purpurner Blumenduft, mit einer starken grünen Note als Ausgleich. Aber wenn Sie genauer hinsehen, stellen Sie fest, dass hier die Geister all der alten, unvergesslichen Parfums aus dem Vorkriegs-Frankreich zu finden sind, mit ihrer Pudrigkeit, den schweren Moosen, ihrer Fülle und Pracht. Und obwohl der Duft in die goldenen Töne vergangener Zeiten eingefasst ist, transportiert er dennoch eine mühelose Modernität. Ganz erstaunlich.

» Nische: maskulin

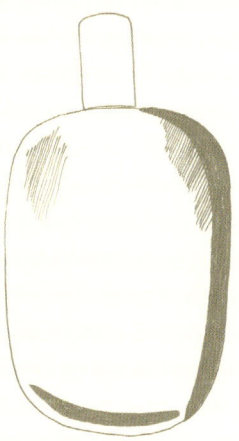

Nische: maskulin

Nischendüfte bieten Männern eine größere Bandbreite als der Mainstream, da sie alle olfaktorischen
Familien abdecken und sich nicht nur auf holzig und
frisch konzentrieren.

Amouage

siehe Seite 72

siehe Seite 72

» **Epic Man (holzig)**

Es gibt nichts, was dem Nervenkitzel beim Öffnen
einer seit Jahrzehnten unberührten Truhe gleich-
kommt. Randa Hammami nutzt diese Behauptung in
ihrer meisterhaften Mischung aus Gewürzen und
Hölzern voll aus: Rosa Pfeffer, Kardamom, Patschuli,
Leder, Moschus und der obligatorische Weihrauch
vermitteln Herrlichkeit wie auch Mühseligkeit jener
Reisen vergangener Tage, die heute nur noch auf ver-
gilbten Fotos zu sehen sind. Man kann die Geschichte
förmlich riechen.

» **Gold Man (blumig)**

Le Snob TIPP Ein blumiger maskuliner Duft könnte
kaum gigantischer sein. Von der aldehydi-
schen Eröffnung bis zum Herzen aus voller Rose,
Jasmin, Zibet und weiß der Himmel was noch, bietet
dieses Parfum eine Feinheit wie wenige andere Düfte
der 80er. Aber die wahre Freude liegt im Drydown –
und zwar so sehr, dass man das Vorherige fast über-
springen will: Holzig, balsamisch und von Licht durch-
flutet, ist GM an Vornehmheit kaum zu überbieten.

L'Artisan Parfumeur

siehe Seite 74

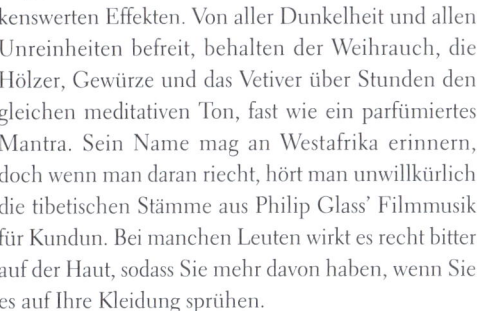

» **Timbuktu (holzig-orientalisch)**

 Ein Duft von Bertrand Duch-aufour, einem Meister der sakralen Düfte – und dieser zeigt seine Talente mit besonders bemerkenswerten Effekten. Von aller Dunkelheit und allen Unreinheiten befreit, behalten der Weihrauch, die Hölzer, Gewürze und das Vetiver über Stunden den gleichen meditativen Ton, fast wie ein parfümiertes Mantra. Sein Name mag an Westafrika erinnern, doch wenn man daran riecht, hört man unwillkürlich die tibetischen Stämme aus Philip Glass' Filmmusik für Kundun. Bei manchen Leuten wirkt es recht bitter auf der Haut, sodass Sie mehr davon haben, wenn Sie es auf Ihre Kleidung sprühen.

091

Comme des Garçons

5-2-1 Minami-Aoyama, Minato-ku, Tokio

+81 3 34 06 39 51, www.comme-des-garcons.com

Die Parfümerie-Sparte von Rei Kawakubos Avantgarde-Mode-Linie hat einige der kühnsten, ungewöhnlichsten Düfte aller Zeiten an den Start gehen sehen. Auch wenn manche erfolglos waren und eingestellt wurden, scheinen sie doch alle das Image der Marke als einen Hort seltsam wunderbarer Dinge zu bestärken – und wunderbar seltsamer.

» Comme des Garçons 2 Man (holzig)

 Es wäre nicht richtig zu sagen, Mark Buxtons Kreation rieche wie der Rauch einer gelöschten Kerze: Die Note ist da, aber sie ist nicht die treibende Kraft hinter dem Effekt. Ebenso verhält es sich mit Räucherwerk, Zeder und Leder (auch wenn alle zu bemerken sind). Wieder würde es nur ein rudimentäres Verständnis des Dufts zeigen. Die Wahrheit ist, dass dies ein mysteriöses, schwer zu fassendes Stück Arbeit ist. Falls Sie sich eine Art quasi-mythischer Erscheinung als Komposition aus den oben genannten Elementen vorstellen können, dann haben Sie vielleicht eine Idee davon, wie der Duft wirkt. Am besten riechen Sie es einfach selbst.

The Different Company

10 Rue Ferdinand Duval, Paris, Frankreich

+33 1 42 78 19 34,
www.thedifferentcompany.com

Das Vater-Tochter-Duo Jean-Claude und Céline Ellena gründete die Firma im Jahr 2000, bevor ersterer seinen jetzigen Posten als Inhouse-Parfümeur bei Hermès antrat. Ihre Düfte werden in teuren, hochwertigen Flaschen angeboten und folgen den Vorlieben des Nischenmarktes, indem sie vorwiegend auf einer besonderen Note oder Zutat basieren.

NISCHE: MASKULIN

Sel de Vétiver (holzig)

Auch wenn Salz keinen Eigengeruch hat, so gibt es doch Dinge (eine Meeresbrise), die *salzig* riechen. Céline Ellenas Idee für dieses Parfum ist also nicht so absurd, wie es zunächst scheint. Mit kräftigen Dosen *luftiger* Materialien (Geranium, Kardamom, Grapefruit) und einem großartigen natürlichen Akkord von Marine öffnet sie das Vetiver und bringt seine nur selten beobachten Merkmale hervor (Aluminium, das salzige Gefühl). Sie serviert das ganze ohne eine Spur der verschwitzten Bitterkeit, die in dieser Gattung manchmal vorkommt. Eine beachtliche Leistung.

Editions de Parfums Frédéric Malle

siehe Seite 76

Cologne Bigarade (fresh)

Die meisten Colognes sind zu kunstvoll: Sie verstehen nicht, worum es bei ihrer Existenz geht. Jean-Claude Ellenas CB aber ist eines der besten, das man für Geld kaufen kann. Von der turbogetriebenen Frucht-Eröffnung – in der es vor Grün, Rot, Gelb und Rosa nur so sprudelt – bis zum passend unaufdringlichen Drydown aus Hölzern und Blumen ist dieser Duft genau das, was er sein soll: ein augenblicklicher Muntermacher.

Etat Libre d'Orange

siehe Seite 78

Tom of Finland (holzig)

Die Hauptattraktion ist ein synthetischer Stoff namens Safraleine, der wirklich den bitter-milchig-aromatischen Duft hat, den Safran abgibt, wenn er mit heißem Wasser in Berührung kommt. Er ähnelt dem Duft von Sandelholz, was erklärt, warum Antoine Lie die beiden zusammenpackt und sie mit leichteren, frischeren Stoffen (Galbanum, Zypresse, Pfeffer) abstimmt, um dieses einzigartige Werk zu schaffen. ToF ist wie eine voll aufgedrehte Sauna.

Histoires de Parfums

siehe Seite 79

>> **1740 (Chypre)**

Le Snob TIPP Die offizielle Liste der Noten für 1740 enthält die sinnlichsten Parfumzutaten: Patschuli, Koriander, Zeder, Leder, Labdanum, Vanille, Immortelle. Genug um Sie erröten zu lassen. Zum Glück enttäuscht der Duft selbst nicht; das Zusammentreffen dieser Elemente lässt einen Effekt entstehen, der dick mit *Hemmungslosigkeit* überschrieben zu sein scheint. Sobald Sie merken, dass er nach dem Geburtsjahr des Marquis de Sade benannt ist, werden Sie eventuell zunächst beschämt zögern, bevor Sie dem Casanova in Ihnen erlauben, einen weiteren Spritzer aufzutragen – aber das wird nicht lange dauern.

Knize

Graben 13, Wien, Österreich

+43 1 512 21 19, www.knize.at

Gegründet 1858 von dem böhmischen Schneider Josef Knize, kreiert dieser ausgezeichnete Wiener Herrenausstatter seit den 1920er-Jahren auch Düfte.

» Parfum auftragen

Ich weiß nicht, ob es besser ist, Parfum auf den Puls
zu sprühen. Wenn ich einen Duft teste, sprühe ich
ihn auf meinen Arm. Es liegt an Ihnen zu entscheiden, wie Sie Parfum auftragen möchten. Sollte es für
ein Gemälde Anweisungen geben, wie man es aufzu-
hängen hat? Es mag eine *richtige* Art geben, wie man
einen Duft in einem Parfum-Museum erlebt, aber sobald es darum geht, ein Parfum im wirklichen Leben
zu tragen, ist das eine andere Geschichte. Sie können
es auftragen, wo immer Sie wollen, ob auf der Haut
oder auf der Kleidung. Ganz nach Ihrem Geschmack.

Nur sollten Sie ein Parfum nie auf der Haut verreiben, denn dadurch erwärmt es sich und verändert die
Chemie des Dufts. Es ist so, als würden Sie falsch
temperierten Champagner trinken. Wenn Sie es auf
Ihrer Haut verreiben und den Duft mögen, den es auf
diese Weise annimmt, müssen Sie das von diesem
Zeitpunkt an außerdem jedes Mal machen, wenn Sie
das Parfum tragen. Denn nur so entsteht derselbe Geruch erneut.

095

Das Angebot ist klein, aber definitiv einen Versuch wert.

» ### Knize Ten (ledrig)

Le Snob
TIPP
Einer verbreiteten Meinung nach ist Carons Tabac Blond nicht mehr, was es einmal war. Aber zum Glück gibt es noch seinen Bruder von 1924: Knize Ten. Es beginnt kantig und unveränderlich – mit seiner belebenden Kombination aus rauchigen, grünen und gegerbten Noten –, bevor es sich zu einem unverwechselbaren, subtil blumigen Drydown von Amber abschwächt. Sprühen Sie diesen Duft auf Ihre Ausgabe von *Der große Gatsby* und geben Sie sich den Verlockungen des Charleston hin.

MDCI
http://parfumsmdci.free.fr

Der Franzose Claude Marchal gründete 2005 seine Nischenlinie, nachdem er für Jahre in der Parfumindustrie gearbeitet hatte und durch die Veränderungen um ihn herum mutlos geworden war. Die handgefertigten Verschlüsse seiner Flaschen ähneln klassischen Büsten.

» ### Invasion Barbare (holzig)
Es ist schwer, ein Parfum zu finden, das mutig genug ist, unaufhörlich trocken zu sein. Zum Glück haben wir IB, einen Duft, dem seine Schöpferin Stéphanie Bakouche selbst das letzte bisschen Feuchtigkeit und Süße entzogen hat. Ingwer, Kardamom, Veilchen und vor allem der Bockshornklee (mit seiner kalkhaltigen Textur) vermitteln eine derart kräftige, düstere Raffinesse, dass man sich fragt, ob der Name des Dufts iro-

nisch gemeint ist: Würden die angreifenden Horden so gut riechen, man würde die Türen aufsperren und sie zum Tee bitten.

Nasomatto

www.nasomatto.com

Alessandro Gualtieri scheut klassische Strukturen und zeigt das mit dieser Nischenmarke. Sein Duft Silver Musk wurde gestaltet, um wie ein Superheld zu riechen, während Narcotic Venus „das Ergebnis einer Suche nach der überwältigenden, abhängig machenden Intensität der weiblichen Sexualität" ist. Die Düfte sind nur als Parfumkonzentrationen erhältlich.

» **Black Afgano (holzig-orientalisch)**

Le Snob TIPP Wenn man es das erste Mal versprüht, ist es interessant zu beobachten, wie viel Arbeit die Kopfnoten (möglicherweise süße Orange und Mandarine) leisten, um die Basisnoten aus der Reserve zu locken. Wenn sie aber einmal hervortreten, gibt es keinen Zweifel daran, was ihr Ziel ist: ein dichter Wald von Moosen und Holz (von Zedern- bis Sandelholz), wo die Zweige von Flammen aus Labdanum und Patschuli umspielt werden. Seien Sie ganz sicher, was Sie tun, wenn Sie diesen süchtig machenden Stoff versprühen. Denn wenn Black Afgano erst einmal auf der Haut ist, gibt es absolut keinen Weg mehr zurück.

Nicolaï

siehe Seite 83

» **Maharadjah (frisch)**

Das Bild eines Lavendelfeldes ist zwar nicht das Erste, was einem bei diesem Duft in den Sinn kommt, aber das ist die Note, die Patricia de Nicolaï überraschender Weise zu Beginn platziert hat. Allerdings, wie bei all ihren Düften, weiß man nie genau, was der Drydown bringen wird: Hier wird Lavendel zu Patschuli, und plötzlich ist alles an seinem Platz. Dieser Maharaja hat nicht vor, seiner Frau die Show zu stehlen. Während sie also mit ihrem Glanz verzaubert, tritt er einen Schritt zurück und wählt ein milderes, dezenteres Vorgehen. Eine absolut fürstliche Geste.

Puredistance

www.puredistance.com

Eine ekxklusive Nischenlinie, die 2008 von Jan Ewoud Vos gegründet wurde. Die Präsentation ist dabei von höchster Bedeutung: Die Düfte werden in teuren, säulenförmigen Flaschen aus Swarovski-Kristall verkauft. Es gibt sie in einer Handvoll Läden weltweit.

» **M (ledrig)**

Leider sind viele ledrige Düfte zu laut für bestimmte Situationen. Hier naht M von Roja Dove zur Hilfe. Er hat alles, was man sich von der Gattung wünscht (die Rauchigkeit, die teils verlockende, teils abstoßende

Note Kreuzkümmel), und dreht die Lautstärke herunter, bis er die Diskretion in Person ist. Es war Doves Absicht, den Geruch von James Bonds Auto neu zu erschaffen: M ist elegant, kultiviert, vor allem aber verstohlen.

Les Parfums de Rosine

www.les-parfums-de-rosine.com

Im Jahr 1991 belebte Marie-Hélène Rogeon den Namen Rosine wieder, unter dem ursprünglich der Designer Paul Poiret 1911 begonnen hatte, Parfums zu verkaufen. Jeder ihrer Düfte basiert auf die ein oder andere Weise auf Rosen.

» **Twill Rose (holzig)**

Die Tage, in denen sich viktorianische Dandys mit fäkalen Düften übergossen, um den noch schlimmeren Gestank der Welt zu kaschieren, sind lange vorbei. Seit diesen tapferen Zeiten sind wir weniger tolerant gegenüber schmutzigen Gerüchen geworden. Twill Rose zeigt uns, was wir versäumen. Eine derbe Mischung aus floralen, animalischen und honigartigen Noten – mit einem Hauch von Sauberkeit, um ein wenig den Anstand zu wahren. So schockierend und unwiderstehlich wie die Sünde selbst.

Tauer Perfumes

siehe Seite 88

» **Lonestar Memories (ledrig)**

Le Snob TIPP Einige Rohmaterialien scheinen Sinnlichkeit in ihrer DNA zu tragen. Birkenteer gehört sicherlich dazu. Er wird hier in einer atemberaubenden Komposition verwendet, die mit einem Angriff von Häuten und Fellen beginnt (fast schon ein virtueller Nebel aus Leder), bevor es mit großer Zartheit in einen verdorrten Drydown von Geranium übergeht. Tauers Geschichte ist klar: Der einsame Reiter schlägt den Staub aus seiner Kleidung, bevor er die Anstrengungen des Tages mit einer blumig duftenden Seife abwäscht. Ein wirklich originelles Meisterwerk.

Xerjoff

www.xerjoff.com

Eine italienische Luxus-Linie, die 2003 von Dominique Salvo und Sergio Momo gegründet wurde. Der Name stammt von Momos Großmutters Art, „Sergio" zu sagen. Die Kreationen der Marke sind nur in ein paar Boutiquen weltweit erhältlich.

» **XJ Homme (ledrig)**
Die Ähnlichkeit dieses Duftes mit Knize Ten mag Zweifel aufkommen lassen, ob eine Erwähnung notwendig ist. Doch er verdient sie dafür, wie er die Grundidee herben Leders zu ihrem fast schon grotesken Ende bringt. Es ist verbrannter Gummi der Extraklasse: Plastik, Klebstoff, Autositze, Asphalt, Benzin – das alles kommt vor, zusammen mit einer Andeutung der grünen Landschaft auf der anderen Seite der Windschutzscheibe. Nur wenige von uns werden jemals wissen, wie es sich anfühlt, den Großen Preis von Monaco zu gewinnen, aber XJH gibt uns davon eine Idee mit ziemlich hoher Oktanzahl.

» Nische: unisex

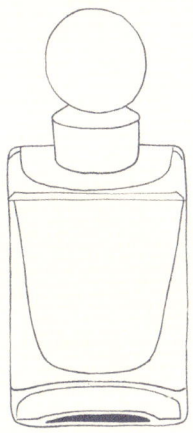

Nische: unisex

Die meisten Nischenparfums fallen in diese Kategorie, da sie Geschlechterstereotype meiden und eher Stimmungen, Orte oder abstrakte Ideen wachrufen.

Amouage
siehe Seite 72

» **Tribute Attar (holzig)**

Im Nahen Osten bevorzugt man oft traditionelle, ölbasierte Essenzen gegenüber alkoholhaltigen Düften – bei diesem Wüstenscheich wird sofort klar, warum. Tribute enthält die anziehendsten Zutaten, die man sich vorstellen kann (Labdanum, Weihrauch, Safran, Zedernwacholder) und verwebt sie zu einem fliegenden Teppich, der Sie 1001 Nächte lang ins Paradies führt. Laut Amouage wird für eine 30-Milliliter-Flasche Tribute ein ganzes Rosenfeld benötigt. Der Wahrheitsgehalt dieser Behauptung lässt sich nicht nachprüfen, doch wahrscheinlich ist das stark untertrieben.

L'Artisan Parfumeur
siehe Seite 74

» **Al Oudh (orientalisch)**

Al Oudh hätte wohl eher Al Kamun heißen sollen, denn

seine stärkste Duftnote ist nicht Agarholz, sondern Kreuzkümmel (Kumin). Doch beiseite mit sprachlichen Feinheiten. Duchaufours Rezept vermeidet es – wie sonst üblich –, die rauen Eigenschaften der Zutaten zu verstecken, und stellt sie in den Vordergrund: Kardamom, Zibet, Sandelholz, Moschus und Castoreum (Bibergeil) betonen ein Gefühl von Schweiß, Hitze und träger Verwegenheit. Trotz der hübschen Flasche: Dieser Duft ist ein Dämon, zwielichtig und unverbesserlich vom gehörnten Kopf bis zum gespaltenen Huf.

» **Premier Figuier (frisch)**

Olivia Giacobettis Kreation von 1994 hat nichts von ihrem Biss verloren. Sie eröffnet mit einem Akkord, der so grün und intensiv nach Feige riecht, dass Sie sich unwillkürlich zerdrückte Blätter und Zweige in Ihren Händen vorstellen und deren Duft tief einatmen. Dieses Bild ist nur einen Schritt entfernt von Gedanken an endlose Sommertage. PF stellt ein Vermächtnis der Fähigkeiten Giacobettis dar: Sie hat einen Duft geschaffen, der sowohl speziell als auch voller Anspielungen ist. Ein echtes Original.

Byredo

Mäster Samuelsgatan 42, Stockholm, Schweden

+46 8 525 026 10, www.byredo.com

Ben Gorhams schwedisches Geschäft eröffnete 2006 mit einer Kollektion von Raumdüften; die ersten Parfums der Marke erschienen 2008. Byredo ist angeblich die Verkürzung von *by redolence*.

» **M/MINK (orientalisch)**

M/M (Paris) ist der öffentliche Name für die Kunst-

» Natürliche Zutaten

Obwohl einige natürliche Parfumzutaten erschwing-
lich sind (zum Beispiel ätherisches Zitronengrasöl),
sind die meisten unglaublich teuer. Der Preis spiegelt
oft den Aufwand an Zeit und Mühe wider, der zur
Extrahierung der Stoffe nötig ist.

Ein Kilogramm hochwertiges, reines Jasmin erfor-
dert über 1.000 Kilogramm Jasminblüten (das entspricht ungefähr fünf Millionen Blüten). Jede muss
von Hand gepflückt werden und selbst ein erfahrener
Arbeiter schafft nicht mehr als zwei Kilogramm Blüten pro Tag. Daher ist es wenig überraschend, dass
ein Kilogramm Jasminextrakt um die 2.500 Euro kostet. Manche Sorten liegen sogar bei über 25.000 Euro.

Iriswurzel (hergestellt aus dem Wurzelstock der Iris)
braucht für die Produktion etwa sechs Jahre, und der
Preis geht ebenfalls in die Tausende pro Kilo.
Veilchenblattextrakt und manche Rosenöle kosten
über 6.000 Euro pro Kilo, wohingegen reine Tuberose bei etwa 8.500 Euro liegt.

und Design-Partnerschaft von Mathias Augustyniak und Michaël Amzalag. 2009 luden sie Gorham ein, einen Duft zu kreieren, der auf Papier und Kalligraphie basiert. Das Ergebnis ist Jérôme Epinettes M/MINK, eine der ausgefallensten Flüssigkeiten, die jemals in einem Parfumregal stand. In seinen ersten Phasen riecht es tatsächlich wie Tinte: metallisch, iodisch, bitter. Und obwohl es im Fortschreiten etwas prosaischer wird (Räucherwerk und Hölzer dominieren den Drydown), verliert es nie seine Originalität. Um dem Ganzen die Krone aufzusetzen: Es ist extrem tragbar, besonders in Zeiten, in denen Sie beweisen wollen, dass ein Parfum ein ebenso herausforderndes Kunstwerk sein kann wie ein ungemachtes Bett.

Comme des Garçons
siehe Seite 91

» **Incense – Avignon (orientalisch)**

Das Wort Soliflore benutzt man, um ein Parfum zu beschreiben, das nur nach einer einzigen Blume riecht. Bis jetzt hat noch niemand ein Wort für einen Duft erfunden, der nach einer einzelnen Kirche riecht (*solitemplum?*), aber sobald das der Fall ist, wird Bertrand Duchaufours Avignon das erste in dieser Kategorie sein. Alles ist gegenwärtig in diesem pontifikalen Wunder: das Holz der Kirchenbänke, die Seiten der alten Messbücher, sogar der in den Sonnenstrahlen schwebende Staub. Und natürlich der Weihrauch: allumfassend, rauchig und mit der genau bemessenen Andeutung einer Zitrusnote.

Eau d'Italie

Via Cristoforo Colombo, 30, Positano, Italien

+39 0 89 87 50 66, www.eauditalie.com

Die Besitzer des 5-Sterne-Hotels Le Sirenuse in Positano gaben 2004 eine Reihe von Parfums und Badeprodukten in Auftrag, welche danach weltweit in vielen Einzelhandelsgeschäften erhältlich waren.

» **Bois d'Ombrie (holzig)**

Es lohnt sich, an allen Düften von Eau d'Italie zu riechen, aber die 2006er-Komposition von Bertrand Duchaufour spielt in einer eigenen Liga. Sie ist gewissermaßen ein Essay über Italiens Holz, eine olfaktorische Reflexion über die Bedeutung dieses prähistorischen Materials. Iriswurzel und Patschuli beschwören dichte Wälder. Vetiver und Tabak stehen für Feuerstellen. Cognac und verbranntes Leder repräsentieren die menschliche *Zähmung* der Bäume. Man könnte sogar sagen, dass eine Arzneinote die

EINZIGARTIG » EXKLUSIV » ULTIMATIV **Snob**

Grossmith Die Baccarat-Editionen von Grossmiths Parfums Phul-Nana, Shem-el-Nessim und Hasu-no-Hana sind ein unvergesslicher Anblick. In den originalen Gussformen von 1919 hergestellt, weisen sie Goldstiche auf, die an Designs aus der Vergangenheit der Firma erinnern. Jede Flasche kostet rund 8.500 Euro.

NISCHE: UNISEX

Gefahren der Urbanisierung andeutet. Wie auch immer Sie es betrachten: Es lässt sich nicht abstreiten, dass Bois d'Ombrie so verblüffend und intelligent wie tragbar ist.

Editions de Parfums Frédéric Malle

siehe Seite 76

›› Portrait of a Lady (blumig-orientalisch)

Le Snob TIPP Dominique Ropions Komposition ist ein Meisterwerk erstaunlichen Ausmaßes und verströmt nahöstliche Anmut in jeder Facette seines Aufbaus. Zimt, Patschuli, Moschus und Weihrauch zusammen mit einer großzügigen Dosis türkischer Rosenessenz rufen alle sinnlichen Eigenschaften der Blume hervor. Rauchgeschwängerte Kirchen, Betten voller Blüten und weite Himmel scheinen in dieser Meisterleistung alle nebeneinander zu existieren. Das erklärt, warum ansonsten unerschütterliche Menschen schon bei der Nennung des Namens ohnmächtig werden. Achtung: Trotz des Wortes Lady ist es so unisex wie ein Duft nur sein kann.

Etat Libre d'Orange

siehe Seite 78

›› Rien (ledrig)

Le Snob TIPP In diesem grandiosen Duft ist alles enthalten, was ELdO besonders macht. Etwa der Name: Etienne de Swardt und Antoine Lie liebten den Gedanken, dass man „Nichts" antwortet, wenn man nach der Identität eines skurrilerweise beinahe

Weise Worte

Carrie Meredith, Autorin des Blogs Eyeliner On A Cat, Mitglied der Fragrance Foundation USA, Independent Fragrance Committee, USA

» Die Welt der Nischenparfums

Es gibt viele etablierte Parfums, die man kennen sollte und die zu einer Parfumschulung einiges beitragen. Doch wenn man dieses Universum ganz erkundet hat, locken die komplexen und unendlichen Möglichkeiten der Nischendüfte. Der Schöpfer eines solchen Parfums kann eine reichere, stärker herausfordernde olfaktorische Erfahrung bieten; mit facettenreichen Kreationen, die frei sind von den Einschränkungen, denen Parfümeure von großen Konzernen unterliegen. Kleine Firmen verzichten oft auf Werbung, PR und Zielgruppenanalyse, um sich ganz auf höhere Qualität oder schwer erhältliche Zutaten zu konzentrieren.

Denken Sie an den Unterschied zwischen einer Fahrt auf der Autobahn und einer Tour auf einer malerischen Landstraße. Im Herzen der Nischenparfümerie ist eine Einladung verborgen: Verweilen Sie lange genug, um diese ungewöhnliche Seite von Schönheit zu entdecken. Die Grenzen entsprechen nur der Tiefe Ihrer Neugier.

omnipotenten Duftes gefragt wird. Dann die olfaktorische Realisierung: Das Rezept enthält die meisten der stärksten Parfumzutaten – Aldehyde, Patschuli, Galbanum und Leder. Letzeres legt die allgemeine Stimmung fest, verdrängt seine Begleiter jedoch zu keinem Zeitpunkt. Es macht großen Spaß es zu tragen, nicht zuletzt wegen der Reaktionen, die es hervorruft.

Gorilla Perfume

www.gorillaperfume.com

Im Jahr 2009 wurde das Unternehmen B Never Too Busy To Be Beautiful geschlossen. Der Mutterkonzern Lush brachte die Parfums mit neuen Namen unter der Marke Gorilla heraus. Diese Düfte vom Vater-Sohn-Team Mark und Simon Constantine bringen einen Hauch echter Originalität auf den Markt: verrückte Namen, ungewöhnliche Ideen und Rohmaterialien von hoher Qualität.

» **The Smell of Freedom (holzig)**

Wer sagt, dass Parfum und Politik nicht zusammenpassen? SoF entstand aus drei früheren Düften Simon Constantines, die sich alle auf wahre Geschichten über Verfolgung und Inhaftierung stützen. Es scheint auf den ersten Blick wenig mehr zu sein als eine Art flüchtiges Cologne, doch bald bemerkt man andere Elemente, etwa Iriswurzel und eine angenehme Mischung von Hölzern. Die verführerische Kombination wechselt ständig die Ebene: von Glück bis zu selbstmörderischer Leere. The Smell of Captivity (deutsch: Gefangenschaft) wäre auch passend gewesen, aber vielleicht ist genau das der Punkt.

Grossmith

www.grossmithlondon.com

Die Geschichte der Wiederbelebung von Grossmith 2009 klingt wie ein Stoff aus Hollywood. Ursprünglich war Grossmith ein hoch angesehenes englisches Unternehmen, das aber Ende des 20. Jahrhunderts in schwere Fahrwasser geriet. Es erwachte zu neuem Leben, als Simon Brooke (Ururenkel des Gründers) und seine Frau Amanda zufällig ein altes Buch mit den originalen Parfumrezepten der Firma fanden.

» Phul-Nana (orientalisch)

Viele klassische Düfte funktionieren nach dem Prinzip eines Mengendiagramms, wobei verschiedene Zutaten gemischt werden, die gemeinsame Facetten teilen. Im Fall von Robertets Neubearbeitung des ursprünglichen Phul-Nana von 1891 lautet der Begriff in der Mitte des Diagramms *kantig-süß*. Daraus resultiert eine wunderbare Begegnung von Zitrus (Neroli), Blumen (Geranium) und Harz (Benzoe). Tonkabohne, Zeder und Sandelholz füllen alle verbleibenden Lücken, und das Ganze ist so fehlerlos proportioniert wie eine griechische Statue. Absolut bezaubernd.

Huitième Art

www.huitiemeartparfums.com

2010 gründete der ehemalige Chemiker und jetzige Parfümeur Pierre Guillaume dieses Unternehmen, das er parallel zu seiner besser bekannten Marke Parfumerie Générale führt. Viele seiner Düfte reflektieren seine Liebe zu vanillinen Gourmand-Noten.

» Myrrhiad (orientalisch)

Nachdem Tea For Two eingestellt wurde, ist das Feld offen für ein anderes Parfum mit der Bezeichnung *ungewöhnlichster Tee-Duft*. Myrrhiad ist ein vielversprechender Bewerber. Es vermischt die Note mit Leder, Vanille, Zitrus und – natürlich – Myrrhe. Heraus kommt der Duft von Winter in einem warmen Land, wo die Luft nie eine gewisse Milde verliert, egal wie kalt es wird. In der Vergangenheit trug Pierre Guillaume manchmal zu dick auf. Hier aber beherrscht er sich und balanciert die Kontraste zwischen den Akkorden mit vorbildlichem Taktgefühl.

Le Labo

233 Elizabeth Street, New York, USA

+1 212 219 2230, www.lelabofragrances.com

Edouard Roschi und Fabrice Penot gründeten Le Labo, um gegen das zu kämpfen, was sie als Exzess der Gleichförmigkeit in der modernen Parfümerie beschreiben. Die Namen aller ihrer Düfte folgen dem gleichen Muster: ein Wort, das die Hauptzutat bezeichnet, gefolgt von einer Nummer, die die Anzahl der Zutaten angibt. Das ist zwar nicht immer eine akkurate Beschreibung, aber zweifellos beabsichtigt.

» Patchouli 24 (ledrig)

 Vielleicht wird die Technik irgendwann so weit sein, dass man eine Substanz herstellen kann, die Leder und Steinzeug verbindet. Anfangs wird sie eine flaumige, dehnbare, leicht süßliche Flüssigkeit sein. Sobald sie in Form gepresst und in einen Ofen gestellt wird, wird sie nicht nur den Duft, sondern auch die Hitze von Holz und Kohle absorbieren und bewahren. Erkaltet wird sie hart und strapazierfähig sein. Wie auch immer diese Substanz heißen wird, ihr Geruch wird zu gleichen Teilen Leder, Vanille, Felsen und Ofenhitze enthalten. Oder um es kurz zu machen: Sie wird riechen wie Annick Ménardos Patchouli 24, das markanteste Sci-Fi-Leder unter den Parfums.

» ### Santal 33 (holzig)

Ihre eigene Reiseerfahrung wird entscheiden, ob Sie diesen Duft als eine Tour durch den amerikanischen Westen (das entspricht der Marketingkampagne von Le Labo) oder durch das tiefste Rajasthan empfinden. So oder so ist es ein moderner, vollendeter Sandelholzduft – eine beachtliche Leistung, da die traditionelle indische Sorte des Materials kaum noch erhält-

Ein heiliger Duft

Die Schutzpatronin der Parfümeure ist Maria Magdalena. Diese Ehre wurde ihr zuteil, da Maria von Bethanien, die oft mit ihr gleichgesetzt wird, während eines Gastmahls zu seinen Ehren Jesus' Füße mit Nardenöl wusch. Diese starke, patschuliartige Substanz wird heutzutage manchmal in orientalischen Parfums benutzt, obwohl sie recht selten und teuer ist.

lich ist. Trotzdem sind viele der synthetischen Ersatzstoffe, die Parfümeure momentan dafür benutzen, ausgezeichnet. Frank Voelkl kombiniert sie mit Zypriol, Pfeffer, Castoreum und einer gedämpften Dillnote zu etwas, das man nur als kraftvolles Stück Arbeit bezeichnen kann. Die Frage ist: Welchen Teil dieser Erde repräsentiert es für Sie?

Lorenzo Villoresi

Via de Bardi 14, Florenz, Italien

+39 05 52 34 11 87, www.lorenzovilloresi.it

Das in Florenz beheimatete Parfumunternehmen Villoresi eröffnete 1990. Zusätzlich zu Parfums bietet es inzwischen auch Körperprodukte und Raumdüfte an. 2006 erhielt es den Prix François Coty.

» **Sandalo (holzig)**

Sandelholz ist einer der wenigen Stoffe, den Sie verflüssigen und an sich als Parfum tragen könnten, falls Sie eine halbwegs anständige Sorte bekämen. Anscheinend schätzt Villoresi den Verschönerungsbedarf ebenfalls als gering ein, denn hier platziert er es lediglich in einem diskreten (und täuschend einfachen) Rahmen: Rose und Neroli für den blumigen Aspekt; Vetiver und Labdanum für Rauchigkeit; andere Harze für Gewicht und Fülle. Versprühen Sie es, schließen Sie die Augen und stellen Sie sich die Schmuckschnitzereien vor, die in Indiens Souvenirläden stehen.

Maison Francis Kurkdjian

www.franciskurkdjian.com

Der ISIPCA-Absolvent Kurkdjian wurde weltberühmt, als er im Alter von 25 Jahren für Jean Paul Gaultier Le Mâle kreierte, das zu einem der meistverkauften Männerdüfte aller Zeiten wurde. Sein eigenes Unternehmen – 2009 gegründet – präsentiert Parfums sowie parfümierte Waschmittelzusätze, Schmuck und Schaumbäder.

» **Absolue pour le Soir (orientalisch)**

Im ersten Moment gleicht AplS der Entdeckung eines schändliches Familiengeheimnisses: Sie sind nicht ganz sicher, wohin Sie schauen sollen, während eine verlegene Röte Ihre Wangen und Ohren überzieht. Der verantwortliche Schuft für diese Reaktion ist Zibet, der hier in solchen Mengen benutzt wird, dass die Moral von jedermann in Riechweite gefährdet ist. Glücklicherweise sind noch weitere Stoffe mit von der Partie – Zeder, Kreuzkümmel, Nelken, Moschus und Honig –, doch der Fokus liegt bis zum Drydown auf Lüsternheit.

Montale

26 Place Vendôme, Paris, Frankreich

+33 1 42 96 97 44, www.montaleparfums.com

Pierre Montale eröffnete seine Parfümerie 2003 mit dem ausdrücklichen Ziel, arabische Düfte in den Westen zu bringen. Heute tragen über 70 von ihnen seinen Namen – viele mit der Oudh-Note, die ihn innerhalb der Nischenparfümerie bekannt gemacht hat.

» Aoud Cuir d'Arabie (ledrig)

Manche vergleichen den Geruch von Oudh mit fau-
ligem Fleisch, für andere riecht er himmlisch. ACdA
gelingt es, beide Lager im Recht zu lassen. Nach einer
angsteinflößenden Eröffnung durch Agarholz geht es
in Leder über und erhält beim Drydown eine blumige Note, ohne das Gegerbte zu verlieren. Ein raues
Vergnügen, das man riechen muss, um es zu glauben.
Achtung: Wenn Sie das Parfum im Stammhaus am
Place Vendôme kaufen, können Sie die Konzentration erhöhen lassen. Aber machen Sie sich auf das ent-
setzte Erstaunen der Verkäufer gefasst.

Penhaligon's

siehe Seite 85

» Orange Blossom (blumig)

Duchaufours 2010er-Version des Originals von 1976
ist die sanfte Adaption einer Blüte, die von Parfümeuren allgemein als sehr berauschend eingestuft
wird. Ihre indolischen Elemente sind hier auf ein
Minimum reduziert und lassen Raum für Kardamom, Jasmin und Veilchenblätter, die eine sonnige,
leichte Seite zum Vorschein bringen. Dies hätte auch
in angenehmer Trivialität enden können, doch
Duchaufour schafft wahre Größe, indem er Petit-
grain, Zeder und Moschus hinzufügt. Damit erinnert
er uns daran, dass aus jeder Orangenblüte ein ganzes
Feld voll imposanter Orangenbäume werden kann.
Die Bienchen sind in diesem Parfum zwar wohler-
zogen, aber keineswegs abwesend.

Piguet

siehe Seite 86

» **Calypso (blumig)**

Manche Parfums tragen einfach einen absolut passenden Namen. Aurélien Guichards Neubearbeitung von Calypso (1959) ist ein fröhlicher Cocktail aus pulvrigen Rosen und süßen Ambernoten, der durch die minzige, flotte Präsenz von Geranium noch heiterer wird. Es wirkt so, als ob Habit Rouge das Leder abgelegt, ins Flugzeug gestiegen und in einen zwanglosen Karibikurlaub aufgebrochen ist. Auf dem Plan steht jetzt nur am Strand liegen und lesen – und natürlich jede Nacht zu Calypso-Rhythmen zu tanzen.

117

Serge Lutens

siehe Seite 87

» **Ambre Sultan (orientalisch)**

Le Snob TIPP Wenn Amber als Hauptbestandteil eines Duftes dient, bringt es meist stark berauschende Parfums hervor. Und AS ist vermutlich das beste unter ihnen. Seine stärkste Leistung sind seine zahlreichen Kontraste: Amber riecht hier nicht nur süß, sondern auch rauchig, nussig, salzig, verbrannt, buttrig, und vor allem nach Kräutern. Bemerkenswerterweise gerät der Gesamteffekt nie zu essenslastig. Das Bild eines einsamen Tuaregs, der die Sahara durchquert, bleibt erhalten.

» Muscs Koublaï Khän (orientalisch)

Beim ersten Schnuppern erscheint die Moschusbasis von MKK so schmutzig, als ständen die Worte „Wasch mich" auf seiner Dreckkruste. Allein das lohnt schon eine Probe. Doch was es wirklich besonders macht, ist die exquisite Verwendung von Aldehyden und Gewürzen. Durch die Art von paradoxer Logik, die nur in der Parfümerie existiert, ist MKK rein und ungewaschen zugleich: der Geruch von jemandem, der nackt bügelt, bevor er eine dringend benötigte Dusche nimmt. Falls Sie diese Vorstellung aufregend finden, eilen Sie zum nächsten Lutens-Shop.

» Sarrasins (blumig)

Le Snob TIPP Da Jasmin ein Motiv ist, zu dem Parfümeure seit Jahrhunderten immer wieder zurückkehren, ist die Aussicht auf ein weiteres Parfum dieser Gattung wenig spannend. Doch Sarrasins könnte das erlesenste auf dem Markt sein. Wenn ein Duft nach einer einzigen Blume riecht, gelingt das nie durch das Abfüllen einer einzigen Zutat in eine Flasche mit Etikett. Christopher Sheldrake verwendet eine Reihe von Nebendarstellern (unter anderem Sandelholz, Moschus und Leder), um seine schimmernde Illusion zu kreieren – aber die Nähte sind unsichtbar. Zwar ist das Parfum nach einer angreifenden Macht benannt, doch sein Duft bezwingt alles und jeden, ohne einen Finger zu rühren.

SARRASINS
SERGE LUTENS

soOud

www.sooud.net

Das Ehepaar Stéphane Humbert Lucas und Christa Patout gründete soOud, um die olfaktorische Landschaft zu erkunden, in der „Dorian Gray Scheherazade trifft". Die Parfums ihrer Kollektion haben einen nahöstlichen Stil mit abendländischen Anleihen.

» **Hajj (holzig)**
Leider ist das pseudoarabische Rosen- und Leder-Parfum zu einer Art Klischee geworden. Obwohl der Grundakkord attraktiv sein kann, hat seine Allgegenwart den fragwürdigen Beigeschmack westlicher Vorstellungen von Exotik. Hajj repräsentiert den Nahen Osten sehr viel besser. Mit seinem Kern aus Tabak mit Apfelaroma und der reinen, holzigen Note beim Drydown erinnert es glaubwürdig an einen Abend in Dubai: Im Hintergrund läuft Umm Kulthum, der Rauch der Shishas wirbelt durch das Café und die Spitzen der Hochhäuser reichen bis zu den Wolken.

Vero Profumo

www.veroprofumo.com

Vero Kern aus Zürich brachte ihre ersten Düfte auf den Markt, als sie bereits 67 Jahre alt war. Vor diesem Berufswechsel arbeitete sie als Aromatherapeutin. In ihrer Kollektion führt sie momentan drei Düfte, jeder davon ist in zwei verschiedenen Versionen erhältlich: als Parfum und als Eau de Parfum. Ein vierter Duft soll 2012 auf den Markt kommen.

» Kiki (orientalisch)

Ohne Frage einer der schönsten Lavendeldüfte aller Zeiten. Kern betont die romantischen Freiluftaspekte dieser Pflanze – Rauch und eine Andeutung von Kiefer – und bettet sie auf eine schmackhafte Basis aus Karamell und Patschuli. Das Ergebnis ist ein *Provençal sirop de lavande* in Parfumform, mit einem Klecks Crème brûlée als Beilage. Das Eau de Parfum bringt den Himmel noch mehr zum Leuchten, indem es die Zitruskopfnoten akzentuiert, ohne den Gesamteffekt zu gefährden.

» Onda (holzig)

120

Le Snob TIPP Onda ist unter den Parfums das Äquivalent zu einem Riss im Raum-Zeit-Kontinuum. Am Anfang wird durch Leder, Gewürze und Ingwer eine seltsam stählerne Pulvrigkeit kreiert. Diese löst sich in einem moosigen Vetiver auf, welches die Schwerkraft in einem Umkreis von acht Kilometern zu verdoppeln scheint. Nach dem, was man hört, kommen wir durch diese unbezwingbare Naturgewalt noch einmal so nah wie möglich an Guerlains eingestelltes und schwer vermisstes Djedi. Das Eau de Parfum verzichtet auf die Moosnote und macht es dadurch greifbarer.

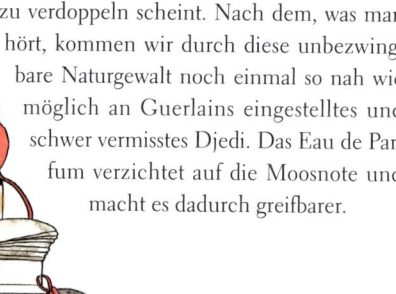

» Besitzen

Wie man Parfum trägt

Es ist allgemein anerkannt, dass man Parfum am besten auf Pulspunkte sprüht (die Teile des Körpers, an denen das Blut dicht unter der Hautoberfläche strömt, wie Handgelenke oder Schläfen). In Wirklichkeit kann man es aufsprühen, wo man möchte: auf die Arme, die Brust oder den Nacken – ganz wie Sie wollen. Es spricht auch nichts dagegen, die Kleidung mit etwas Parfum zu betupfen (Schals sind besonders geeignet), aber denken Sie daran, dass manche Düfte Flecken hinterlassen können. Testen Sie es also immer erst an einer unauffälligen Stelle.

Sprühen Sie Parfum nicht auf Teile des Körpers, die längere Zeit der Sonne ausgesetzt sein werden. Die Inhaltsstoffe werden zwar ständig auf gefährliche Reaktionen mit Sonnenlicht geprüft, sodass das Risiko von Nebenwirkungen gering ist, doch es ist trotzdem vernünftig, den direkten Kontakt mit UV-Strahlung zu vermeiden. Poröser Schmuck sollte niemals mit gefärbten Flüssigkeiten in Kontakt kommen, ob duftend oder nicht.

Die sogenannten Regeln, welcher Duft für welche Tages- oder Jahreszeit am besten geeignet ist, sind das Ergebnis allzu fleißiger Marketing-Abteilungen. Man sollte sie nicht zu ernst nehmen. Die einzigen entscheidenden Faktoren sollten der persönliche Geschmack und der Effekt sein, den Sie mit Ihrem Parfum erzielen möchten. Es spricht überhaupt nichts dagegen, wenn Sie im Winter leichtere Zitrusdüfte vorziehen und im Sommer dichte, harzige Kompositionen.

Lagerung

Leider ist es wahr, dass in Flaschen abgefülltes Parfum durch Licht, Hitze und Sauerstoff verdirbt. Es kann sich aber über Jahrzehnte gut halten, wenn man es kühl und dunkel lagert.

Der beste Platz, um einen Duft aufzubewahren, ist der Kühlschrank, obwohl dies natürlich für die meisten Menschen kein praktikabler Vorschlag sein dürfte. Wenn Sie allerdings ein paar kostbare, unersetzbare Parfums besitzen, deren Geruch Sie so lange wie möglich erhalten möchten, sollten Sie dennoch darüber nachdenken, ihnen eine Ecke Ihres Kühlschranks zu reservieren.

Andernfalls müssen Sie darauf achten, dass Ihre Schätze nicht im direkten Sonnenlicht oder zu nahe an Wärmequellen stehen. Und lassen Sie den Deckel auf der Flasche, um den Kontakt des Parfums mit Luft auf ein Minimum zu beschränken.

Duftnoten

Wenn es von einem Parfum heißt, es enthalte bestimmte Noten (wie Champagner, Klebstoff, Jasmin oder Kirsche), dann sollte man diese Zuschreibungen nicht allzu wörtlich nehmen. Sie können einfach nur bedeuten, dass verschiedene Zutaten kombiniert wurden, um eben diesen Effekt zu erzielen.

Seltene und exklusive Parfums

Niemand verwendet das Wort *exklusiv* so häufig falsch wie die PR-Firmen der Parfumindustrie. Das macht es oft schwierig, zwischen der Massenware für die Fußgängerzone und solchen Parfums zu unterscheiden, die tatsächlich nur in ausgesuchten Läden zu bekommen sind. Viele Düfte gibt es für eine kurze Zeit exklusiv nur in einem Geschäft oder Kaufhaus, bevor sie dann auch anderswo zu kaufen sind.

Limited Editions

Streng genommen ist jedes Parfum eine Limited Edition, dessen Hersteller sich entschieden hat, nur eine Auflage zu produzieren, ganz egal, wie groß sie auch sein mag. Jedes Jahr überschwemmen Hunderttausende Flaschen von Summer Editions den Markt. Sobald der Herbst kommt, sind sie verschwunden.

In diesem Buch sinnvolle Informationen über exklusive Serien und Limited Editions zu geben ist nicht möglich. Jede Liste wäre im nächsten Augenblick überholt. Wie üblich findet man Neuigkeiten zu besonderen Veröffentlichungen am besten im Internet. Auch ein Besuch in Edelkaufhäusern kann sich lohnen, denn diese führen oft auch weniger gewöhnliche Ware, vor allem wenn es auf Termine wie Weihnachten oder den Valentinstag zugeht, die für den Handel besonders wichtig sind.

Vintage-Parfums

Wenn Sie Stunden damit verbringen, im Internet einer bestimmten alten Rarität wie Chypre von Coty, Coque d'Or von Guerlain oder Shocking von Schiaparelli hinterherzujagen, dann stehen Sie ganz offensichtlich unter dem Zauber der Duftfee. Manche Menschen sind über den – in ihren Augen traurigen – Zustand der modernen Parfümerie so bestürzt, dass sie nichts kaufen wollen, das weniger als 15 Jahre alt ist. Natürlich ist das ein Extrembeispiel. Trotzdem lässt sich nicht leugnen, wie viel Freude es macht, ein schon seit langer Zeit nicht mehr produziertes Meisterwerk oder eine alte Rezeptur eines aktuellen Lieblingsduftes aufzuspüren und zu erstehen.

Leider gibt es keine narrensichere Methode, um diese Kostbarkeiten zu finden. Am besten fängt man bei eBay an, doch seien Sie vorsichtig: Was zu schön ist, um wahr zu sein, ist wahrscheinlich nicht wahr.

Sehen Sie sich auch einmal bei The Perfumed Court um (www.theperfumedcourt.com). Die Webseite bietet einen effizienten und verlässlichen Service. In den Foren von Basenotes und MakeupAlley (siehe S. 136) finden Sie Informationen zu Händlern, die sich auf Vintage-Düfte spezialisiert haben. Wenn Ihr Schatz schließlich ankommt, müssen Sie allerdings damit rechnen, dass die Kopfnote etwas verfälscht riecht – vor allem, wenn der Duft mehr als 20 Jahre alt ist.

Parfum nach Maß

Allen Marketing-Behauptungen zum Trotz ist das Parfum nach Maß (*bespoke*) kein neues Konzept. Tatsächlich gibt es Maßparfum bereits länger als das Massenprodukt. Schon immer haben die Menschen viel Geld dafür ausgegeben, eine unverwechselbare olfaktorische Spur zu hinterlassen – und diese Praktik hat mit der Geburt der modernen Parfümerie sicherlich nicht aufgehört. Die meisten Firmen sind wahrscheinlich auch heute noch bereit, einen individuell angefertigten Duft zu produzieren – für den entsprechenden Preis.

Warum ein Parfum nach Maß?

Wenn Sie darüber nachdenken, diesen speziellen Weg einzuschlagen, sollten Sie sich zuallererst eine Frage stellen: Warum? Gibt es unter den Hunderten von Düften auf dem Markt wirklich nicht einen, der mit Ihrem Geschmack und Ihrer Persönlichkeit übereinstimmt? Können Sie wirklich behaupten, ihnen allen eine faire Chance gegeben zu haben? Könnte es sein, dass Sie nach etwas suchen, das es gar nicht gibt, ein unerreichbares Parfum, das besser im Bereich der Vorstellung bliebe?

Natürlich kann es sein, dass Sie keine Lust auf die anstrengende Suche nach einem passenden Duft haben und lieber gleich zum Punkt kommen wollen. Oder vielleicht spricht Sie die Idee eines persönlichen Parfums an, egal wie sehr es sich von existierenden Düften unterscheidet. Wenn das so ist, sollten Sie bereit sein, eine beträchtliche Menge Geld auszugeben (mindestens 2.500 Euro) und monatelang zu warten, bis Ihr duftender Traum Wirklichkeit wird.

Recherche und Beratung

Nehmen Sie sich die Zeit, die richtige Person für diesen Auftrag auszusuchen. Wenn Ihnen jemand erzählt, er könne Ihr Parfum in wenigen Tagen liefern, legen Sie auf und streichen Sie seinen Namen von der Liste. Bitten Sie um ein ganz informelles erstes Treffen, in dem Sie entscheiden können, ob der Parfümeur und Sie sich verstehen.

Legen Sie die Bedingungen Ihrer Abmachung eindeutig fest. Wie viele Änderungswünsche werden Ihnen zustehen? Wie lange wird es möglich sein, den Duft nachzubestellen? Wem gehört die Rezeptur, wenn das Parfum fertig ist? Hätten Sie, wenn Sie das wollten, das Recht es selbst abzufüllen und zu verkaufen? Sie werden an der Klarheit und Präzision, mit welcher der Parfümeur diese Fragen beantwortet, erkennen, wie professionell er ist.

Rechnen Sie mit einem langwierigen Beratungsprozess, in dem Sie verschiedene Zutaten riechen und Fragen beantworten müssen, die mit der Parfümerie scheinbar nichts zu tun haben.

Empfehlungen

Wenn Sie immer noch sicher sind, dass Sie wirklich ein Maßparfum wollen, kann Ihnen die folgende Liste als Ausgangspunkt für weitere Erkundungen dienen. Sollte ein Parfum nach Maß doch nichts für Sie sein, beachten Sie, dass manche Parfumhäuser einen sogenannten *Semibespoke*-Service anbieten. Jedes Haus handhabt es ein wenig anders, aber im Grunde bedeutet der Service, dass Parfums nur an eine stark begrenzte Zahl von Kunden verkauft werden. In manchen Fällen dürfen diese dem Duft sogar einen eigenen Namen geben.

Aftelier
1442A Walnut Street #369, Berkeley, Kalifornien, USA, www.aftelier.com
Die Parfümeurin Mandy Aftel entwirft Düfte nach Maß, die bei ihr nur natürliche Zutaten enthalten dürfen.

Guerlain
68 Avenue Champs-Élysées, Paris, Frankreich, www.guerlain.com
Dieses ikonenhafte französische Haus füllt Maßparfums in Baccarat-Flaschen ab.

Maison Francis Kurkdjian
9 Rue du Mont Thabor, Paris, Frankreich, www.franciskurkdjian.com
Kurkdjians Service kann über sein gleichnamiges Parfumhaus in Anspruch genommen werden.

Miller Harris
14 Needham Road, London, UK, www.millerharris.com
Lyn Harris ist eine gefeierte Parfümeurin, die auch Düfte nach Maß anbietet.

Roja Dove
Haute Parfumerie, 5th Floor, Harrods, Knightsbridge, London, UK, www.rojadove.com
Dove ist eine der größten Autoritäten in Sachen Parfum und hat es Kennern schon lange ermöglicht, ihre eigenen maßgeschneiderten Düfte zu entwerfen. Er bietet auch eine Palette von Semibespoke-Parfums an, die in der Haute Parfumerie bei Harrods probiert werden können.

La Via del Profumo
Via Indipendenza 538, Montecolombo, Italien, www.profumo.it
Naturreine Düfte nach Maß vom Parfümeur AbdesSalaam Attar.

Parfum kaufen

Natürlich gibt es überall auf der Welt unzählige Parfumgeschäfte. Manche sind so winzig, dass man kaum Platz hat, um mit dem Duftstreifen zu wedeln. Andere sind atemberaubende Paläste, deren Ausstattung dem Inhalt der Fläschchen die Schau zu stehlen droht. Die unten aufgeführten Geschäfte sind nur die Spitze des Eisbergs. Viele von ihnen bieten auf ihrer Webseite einen Versandservice an. Frankreich ist insgesamt eine echte Fundgrube an Parfümerien – jeder Liebhaber sollte in seinem Leben mindestens einmal in Paris gewesen sein. Fast alle großen Parfumhäuser haben bedeutende Läden in der Stadt, und viele davon führen auch exklusive Düfte.

AUSTRALIEN

Harrolds
Westfield Sydney, 77 Castlereagh St., Sydney, www.harrolds.com.au

Mecca Cosmetica
436 George St., Sydney, www.meccacosmetica.com.au

BELGIEN

Senteurs d'Ailleurs
1A Place Stéphanie, Brüssel, www.senteursdailleurs.com

DEUTSCHLAND

Parfümerie Albrecht
Große Bockenheimer Straße (Freßgass') 37–39, Frankfurt am Main, www.parfuemerie-albrecht.de

Apropos
Mittelstraße 12, Köln, www.apropos-store.com

Beauty Affair
Königsallee 30 (KÖ-Center), Düsseldorf,
http://beautyaffair.duesseldorf-affairs.de

Different Scent Boutique
Krausnickstraße 12, Berlin, www.thedifferentscent.de

Goldkopf Parfümerie
Schildergasse 69–73, Köln, www.goldkopf.de

Oberpollinger München
Neuhauser Straße 18, München, www.oberpollinger.de

Quartier 206
Friedrichstraße 71, Berlin, www.quartier206.com

Schnitzler
Schadow Arkaden 11, Düsseldorf,
www.parfuemerie-schnitzler.de

FRANKREICH

Bouteille
59 Rue d'Antibes, Canne

Collette
213 Rue Saint Honoré, Paris, www.collette.fr

IUNX
239 Rue Saint Honoré, Paris, www.iunx.fr

Jovoy
4 Rue de Casiglione, Paris, www.jovoyparis.com

Le Bon Marche
24 Rue de Sèvres, Paris, www.lebonmarche.com

Ombres Portées
4 Rue Masurel, Lille, www.ombresportees.fr

Premiere Avenue
1 Rue Guétal, Grenoble,
www.shopping-premiereavenue.com

Soleil d'Or
4 Rue de L'Esquermoise, Lille,
www.parfumeriedusoleildor.fr

Tanagra
5 Bis Rue Alphonse Karr, Nizza, www.tanagra-nice.com

Weise Worte

Ronny Geller, Direktorin von
Scent & Sensibility, UK

» **Tipps zum Parfumkauf im Internet**

Ein Parfum online zu kaufen, hat den offensichtlichen Nachteil, dass man es vorher nicht testen kann. Auf den Webseiten der meisten Internet-Parfumhändler findet man sich jedoch intuitiv zurecht. Die Anbieter bemühen sich, den Kauf so einfach wie möglich zu gestalten.

Wenn Sie wissen, wonach Sie suchen, ist es natürlich einfach, denn eine Suche nach dem Produkt wird zu einer Liste von Online-Anbietern führen. Wenn Sie die Wahl haben, vergleichen Sie nicht nur die Preise, sondern auch die Versand- und Bearbeitungsdauer.

Wenn Sie nicht genau wissen, was Sie wollen und lieber ein paar Sachen ausprobieren möchten, bevor Sie eine ganze Flasche kaufen, müssen Sie einen Händler mit einem Probenservice finden. Viele Online-Shops bieten kleine Fläschchen für wenige Euro an. Erkundigen Sie sich, ob Sie nur eine bestimmte Anzahl von Proben auf einmal kaufen können.

Zuletzt noch zur Kundenbetreuung: Auf vielen Seiten können Kunden Kommentare oder Anfragen einstellen. Die Betreiber beteiligen sich oft gerne an den Diskussionen über Parfums.

Venulys
6 Rue Buttura, Cannes,
www.venulys-fleuriste-parfum-decoration.fr

GROSSBRITANNIEN

Harrods
87–135 Brompton Road, Knightsbridge, London,
www.harrods.com

Harvey Nichols
109–125 Knightsbridge, London,
www.harveynichols.com

Les Senteurs
71 Elizabeth Street, London, www.lessenteurs.com

Liberty
Regent Street, London, www.liberty.co.uk

Selfridges
400 Oxford Street, London, www.selfridges.com

ITALIEN

Bertolone
Calle Fuseri 4356, Venedig

Campomarzio 70
Via Vittoria 52, Rom, www.campomarzio70.it

HB Profumerie
Via Del Babuino 54, Rom, www.hbprofumerie.com

Profumum
Piazza G. Mazzini 4, Rom, www.profumum.com

NIEDERLANDE

Skins Cosmetics
Runstraat 11, Amsterdam, www.skins.nl

ÖSTERREICH

Le Parfum
Petersplatz 3, Wien, www.leparfum.at

Pure Day Spa
Tuchlauben 11, Wien, www.dayspa.at

RUSSLAND

Tsum
Petrovka Str. 2, Moskau, www.tsum.ru

SCHWEIZ

Globus – Savoir vivre
48 Rue du Rhône, Genf, www.globus.ch

Hyazinth
Falknerstr. 17, Basel, www.hyazinth.ch

Jelmoli
Bahnhofstrasse, Zürich, www.jelmoli.ch

Osswald
Bahnhofstrasse 17, Paradeplatz, Zürich,
www.osswald.ch

Parfumerie Théodora
Grande-Rue 38, Genf, www.parfumerietheodora.ch

SPANIEN

Dérivée
Calle Johann Sebastian Bach 4, Barcelona

Perfumeria Urbieta
Urbieta 14, San Sebastián,
www.perfumeriaurbieta.com

USA

Aedes De Venustas
9 Christopher Street, New York, www.aedes.com

Barneys
660 Madison Avenue, New York, www.barneys.com

Bergdorf Goodman
5th Avenue at 58th Street, New York,
www.bergdorfgoodman.com

MiN New York
117 Crosby Street, New York, www.minnewyork.com

Scent Bar
7405 Beverly Boulevard, Los Angeles,
www.luckyscent.com/scentbar

VEREINIGTE ARABISCHE EMIRATE

Paris Gallery
Dubai Mall, Dubai, www.parisgallery.com

Internetadressen

Neben den oben genannten Geschäften, die ihre Parfums auch über ihre Webseiten vertreiben, gibt es inzwischen auch viele reine Internet-Händler. Einige namhafte Beispiele habe ich im Folgenden aufgelistet:

Aus Liebe Zum Duft
www.ausliebezumduft.de

Escentual
www.escentual.com

Lucky Scent
www.luckyscent.com

» Entdecken

Quellen

Da die Mainstream-Medien nur langsam und zögerlich auf das steigende, ernsthafte Interesse an Parfum reagiert haben, haben sich die Kenner dem Internet zugewandt. Eines der Ergebnisse dessen ist, dass die Blogosphäre heute ohne Zweifel die beste Quelle für kluge, zuverlässige Informationen rund um die Welt der Düfte ist. Es gibt viele Seiten über Parfum, die sich in ihrer Qualität ganz erheblich voneinander unterscheiden. Einige von ihnen sind auch nicht so unabhängig, wie sie vorgeben zu sein. Die folgende Liste ist keinesfalls erschöpfend, sondern vielmehr ein Ausgangspunkt für weitere Entdeckungen im Netz.

Basenotes
www.basenotes.net

Duftarchiv
www.duftarchiv.de

Eyeliner On A Cat
http://eyelineronacatblog.blogspot.de

Grain De Musc
http://graindemusc.blogspot.de

MakeupAlley
www.makeupalley.com

Now Smell This
www.nstperfume.com

Olfactorialist
www.olfactorialist.de

Perfume Shrine
http://perfumeshrine.blogspot.de

Events und Ausstellungen

Oft sind die interessantesten Events unregelmäßige Ereignisse, über die man im Vorfeld nur sehr selten etwas erfährt. Auf Webseiten wie Basenotes und Now Smell This kann man allerdings Neuigkeiten zu solchen Events erfahren. Die folgende Liste ist eine Auswahl regelmäßiger Veranstaltungen.

4711 Traditionshaus

Glockengasse 4, Köln, Deutschland,
www.glockengasse.de

Wöchentliche Touren auf den Spuren des weltberühmten 4711 Echt Kölnisch Wasser.

Esxence

La Permanente, Via Filippo Turati 34, Mailand, Italien,
www.esxence.com

Eine kleine Parfum-Messe, die jedes Jahr im Herbst in Mailand stattfindet. Im Jahr 2012 werden über 50 Aussteller ihre Arbeiten präsentieren.

Musée International de la Parfumerie

2 Boulevard du Jeu de Ballon, Grasse, Frankreich,
http://en.museesdegrasse.com

Die große Sammlung von Flakons und historischen Artefakten macht dieses Museum sehr sehenswert. Auch der Garten des Museums ist interessant. Er liegt zehn Kilometer entfernt in 979 Chemin De Gourettes, Mouans-Sartoux.

Molinard Museum

60 Boulevard Victor Hugo, Grasse, Frankreich,
www.molinard.com

Die Heimat von Habanita. Zusätzlich zu einer kostenlosen Tour durch die alte Fabrik – inklusive eines Fabrikdachs, das angeblich von Eiffel stammt – kann man noch einen Blick auf zahlreiche alte Flakons werfen.

Osmotheque

36 Rue du Parc de Clagny, Versailles, Frankreich, www.osmotheque.fr

Unbestritten die wichtigste Einrichtung zur Geschichte und Pflege des Erbes der Parfümerie. Die besten und bekanntesten Nasen der Branche halten hier Vorträge und Präsentationen. Im Jahr 2010 unterzeichnete die Osmotheque ein Abkommen mit der amerikanischen Academy of Perfumery & Aromatics, das ihre Arbeit auch auf die USA ausweiten soll.

Pitti Immagine Fragranze

www.pittimmagine.com

Eine große Parfümerieausstellung, die jedes Jahr im September in Florenz stattfindet. Vornehmlich ein Branchentreffen, öffnet man die Tore jedes Jahr auch an zwei Tagen für das allgemeine Publikum. Fast 200 Firmen präsentierten 2011 hier ihre Produkte.

Scratch+Sniff

The Book Club, 100-106 Leonard Street, London, UK, www.scratchandsniffevents.com

Ein von Odette Toilette in London organisiertes Event mit einer großen Bandbreite an Vorträgen und Themen.

Sniffapalooza

www.sniffapalooza.com

Streng genommen ist dies kein Event, mehr eine in den USA ansässige Versammlung von Parfumliebhabern. Der Name ist aber inzwischen so wichtig, dass er gleichbedeutend ist mit den zahlreichen Treffen, Vorträgen und Kursen, die jedes Jahr stattfinden.

Museum of Arts and Design

2 Columbus Circle, New York, USA, www.madmuseum.org

Der Duft-Kritiker Chandler Burr wurde vor Kurzem zum ersten Kurator des Center of Olfactory Art ernannt. Die erste Ausstellung soll noch 2012 stattfinden.

Kurse

Es gibt Parfümerie-Kurse, die kaum mehr als einen halben Tag Spaß bieten, bis hin zu solchen, die sich an Leute richten, die ein ernsthaftes Interesse daran haben, sich damit auseinanderzusetzen. Bevor Sie irgendetwas buchen, erkundigen Sie sich, ob genau das angeboten wird, was Sie interessiert.

Aftelier

1442A Walnut Street #369, Berkeley, USA,
www.aftelier.com

Mandy Aftel gilt als eine der weltweit wichtigsten Nasen für natürliche Parfümerie. Sie bietet eine Reihe von Kursen an, einige davon führt sie als Fernkurse weiter.

Cinquième Sens

18 Rue De Monttessuy, Paris, Frankreich,
http://fr.cinquiemesens.com

Eine hoch angesehene Einrichtung, die kleine Kurse auf fortgeschrittenem Niveau anbietet.

The Cotswold Perfumery

Bourton On The Water, Cheltenham, UK,
www.cotswold-perfumery.co.uk

Der leitende Parfümeur John Stephen bietet einen zweitägigen Kurs, der alle Grundlagen der Parfumkreation abdeckt. Nach dem Kurs kann man Material und Ausrüstung von der Parfümerie kaufen.

ISIPCA

34-36 Rue du Parc de Clagny, Versailles, Frankreich,
www.isipca.fr

Ein voll ausgerüstetes Institut zur Ausbildung von Parfümeuren. Einige der erfolgreichsten Parfümeure haben am ISIPCA graduiert. Die Zugangsbedingungen sind sehr streng.

Professionelle Verbände

Für mehr Informationen rund um die Parfümeriebranche finden Sie hier einige Adressen:

The American Society of Perfumers
PO Box 1551, West Caldwell, Essex County, USA, www.perfumers.org

Eine 1947 gegründete Non-Profit-Organisation zur Verbreitung der Arbeit von in den USA lebenden Parfümeuren.

British Society of Perfumers
www.bsp.org.uk

Gegründet 1963 zur Unterstützung der Bemühungen Einzelner rund um die Parfümerie.

Fragrance Foundation
545 Fifth Avenue, Suite 900, New York, USA, www.fragrancefoundation.com

Mit Niederlassungen in aller Welt bemüht sich die Stiftung um die Unterstützung der Arbeit der Parfumindustrie. Außerdem ist die Stiftung verantwortlich für die FiFi-Awards, die Erfolg und Qualität bei der Kreation von Düften auszeichnen. In Großbritannien organisiert die Stiftung die Jasmine Awards für Verdienste des Journalismus um die Parfümerie.

Industrieverband Körperpflege und Waschmittel e. V.
Mainzer Landstraße 55, Frankfurt am Main, Deutschland, www.ikw.org

Der deutsche Industrieverband Körperpflege und Waschmittel mit Sitz in Frankfurt am Main.

Société Française des Parfumeurs
32 Rue du Parc de Clagny, Versailles, Frankreich, www.parfumeur-createur.com

Gegründet zur Förderung und Verbreitung der Arbeit französischer Parfümeure.

Glossar

Akkord Ein olfaktorischer Effekt, der durch die Kombination verschiedener Noten und Zutaten entsteht (z.B. ein Lippenstift-Akkord oder ein Feuchter-Waldboden-Akkord).

Aldehyde sind synthetische Stoffe, die von Parfümeuren häufig verwendet werden. Auch wenn manche recht unterschiedlich riechen können, so steht der Begriff Aldehyd für Stoffe, die einen prickelnden, pudrigen, leicht seifigen Geruch haben.

Amber Ein Begriff, der die reiche, süßlich riechende Mischung von Zutaten wie Labdanum, Vanille und Benzoe beschreibt.

Ambra Eine wachsartige Substanz, die in den Gedärmen des Pottwals produziert wird. Früher wurde sie in der Parfümerie benutzt, heute wird sie meist durch synthetische Stoffe ersetzt.

Animalisch Verschwitzt, beißend, manchmal fast schon skatologischer Geruch; heutzutage nur noch selten aus Stoffen gewonnen, die von Tieren stammen.

Balsamisch Der Begriff umschreibt sanfte, süße Materialen wie Vanille, Benzoe und Labdanum;

manche davon können auch pudrig riechen.

Bergamotte Die am häufigsten verwendete Zitrus-Zutat. Sie umfasst eine Reihe von Duftfacetten, weshalb sie von Parfümeuren so geschätzt wird. Da es viele Jahre lang Earl Grey zugesetzt wurde, weckt es beim Riechen Erinnerungen an Tee.

Castoreum/Bibergeil Ursprünglich eine vom kanadischen Bieber stammende Substanz; heutzutage synthetisch hergestellt, um einen lederartigen Geruch zu erzeugen.

Cologne Streng genommen bezeichnet dieser Begriff nichts anderes als einen leichten, erfrischenden Duft mit Zitrusnoten, aromatischen Kräutern und Hölzern. Er wird aber oft auch gebraucht, um einen sehr verdünnten Duft zu bezeichnen, der nur etwa zwei bis vier Prozent reinen Saft enthält.

Cumarin Eine natürliche Substanz mit dem Geruch von Mandeln, Heu und Tabak. Seine synthetische Variante ist ein wichtiger Bestandteil vieler Düfte.

Eichenmoos Eine bittere, stark riechende Zutat, die aus

verschiedenen Moosarten gewonnen wird.

Galbanum Ein pflanzliches Material mit einem grünen, erbsenartigen Duft.

Grün Der Begriff wird verwendet, um Gerüche im Zusammenhang mit geschnittenem Gras, Laub oder Erbsen zu beschreiben.

Harzig Ein Begriff, der den lange anhaltenden, manchmal fast medizinischen Duft von Stoffen wie Weihrauch und Myrrhe umschreibt.

Indolisch Bezeichnet das Vorhandensein von Indol, einer Substanz, die natürlicherweise in weißen Blüten vorkommt und teils nach Mottenkugeln, teils nach Fäkalien riecht.

ISIPCA (*Institut Supérieur International du Parfum, de la Cosmétique et de l'Aromatique Alimentaire*) Ein Institut für postgraduale Studien im Parfümerie-, Kosmetik- und Lebensmittelbereich.

Labdanum Ein aus der Zistrose gewonnenes Harz; sein rauchiger Duft macht es zu einem der wichtigen Stoffe bei Amber-Kompositionen.

Marine Eine Parfumart, die auf Noten und Akkorden basiert, die Vorstellungen vom Meer wecken.

Moschus Eine schwere, stark riechende Substanz, die aus dem Moschusochsen gewonnen wird. Sie wird nur noch selten in der Parfümerie eingesetzt. Der Begriff Moschus bezieht sich heute meist auf einen synthetischen Stoff (auch weißer Moschus genannt) mit pudrig-blumigem Duft, der oft mit Weichspülern in Verbindung gebracht wird – für die er sehr ausgiebig verwendet wird.

Patschuli Eine aus den getrockneten und fermentierten Blättern der Patschuli-Pflanze gewonnene Substanz. Sie hat einen reichen, erdigen und holzigen Geruch.

Vetiver Eine Zutat, die aus der Wurzel des Vetiver-Grases gewonnen wird. Sie hat einen erdigen, holzigen und rauchigen Geruch.

Weiße Blumen Ein Begriff der Parfümerie für Pflanzen wie Jasmin, Ylang-Ylang und Tuberose.

Zibet Ein sehr nach Fäkalien riechender Stoff, gewonnen von der afrikanischen Zibetkatze; heutzutage werden meist synthetische Varianten eingesetzt, um seinen kraftvollen Geruch zu erzeugen.

Index

1740 94
4711 Echt Kölnisch Wasser 58

A
Absolue pour le Soir 115
Al Oudh 102
Amaranthine 85
Ambre Sultan 117
Angel 45
Antaeus 50
Aoud Cuir d'Arabie 116
Après l'Ondée 37
Aqua Allegoria Herba Fresca 67
Aromatics Elixir 33

B
Bel Respiro 63
Beyond Paradise 36
Black Afgano 97
Bois d'Ombrie 107

C
Calandre 45
Calypso 117
Carnal Flower 76
CK One 62
Cologne (Thierry Mugler) 70
Cologne Bigarade 93
Colonia Assoluta 59
Comme des Garçons 2 Man 92
Cool Water 51
Coromandel 63
Cristalle 31
Cuir de Russie 64

D
Déclaration 49
Dior Homme 51
Diorissimo 38
Dune 32

E
Eau d'Hermès 69
Eau Dynamisante 67
Eau Noire 65
En Passant 77
Epic Man 90

F
Féminité du Bois 87
Fleur du Mâle 55
Flower 43
Fracas 86

G
Gold Man 90
Gold Woman 72

H
Habanita 82
Habit Rouge 54
Hajj 119

I
Idole 82
Incense – Avignon 106
Invasion Barbare 96
Iris Ganache 68
Iris Gris 77

J
Jicky 38
Joy 42

K
Kiki 120
Knize Ten 96
Kouros 56

L
L'Eau d'Issey 40

143

L'Heure Fougueuse 62
Leather Oud 64
Like This 78
Lonestar Memories 99

M
M 98
M/MINK 103
Maharadjah 98
Maharanih Intense 83
Mitsouko 40
Muscs Koublaï Khän 118
Myrrhiad 112

N
Nahéma 39
N° 5 30
N° 19 31

O
Onda 120
Orange Blossom 116
Ormonde Woman 84

P
Paris 46
Patchouli 24 112
Phul-Nana 111
Poison 32
Portrait of a Lady 108
Pour Homme (Gucci) 52
Pour un Homme (Caron) 48
Premier Figuier 103

R
Rien 108
Rose Barbare 68
Rose Ikebana 70

S
Safran Troublant 74
Sandalo 114
Santal 33 113
Sarrasins 118
Scandal 87

Sel de Vétiver 93
Shalimar 39
Songes 73

T
Terre d'Hermès 55
The Smell of Freedom 110
Timbuktu 91
Tom of Finland 93
Traversée du Bosphore 74
Trésor 44
Tribute Attar 102
Tubéreuse 3 Animale 79
Twill Rose 99

U
Un Jardin après la Mousson 69
Une Fleur de Cassie 77
Une Rose Chyprée 88

X
XJ Homme 100

Y
Youth-Dew 36

144